KB077367

금은보화 금고 열쇠

금은보화 금고 열쇠

초판 1쇄 2020년 11월 18일

지은이 문수빈 | **펴낸이** 송영화 | **펴낸곳** 굿웰스북스 | **총괄** 임종익

등록 제 2020-000123호 | **주소** 서울시 마포구 양화로 133 서교타워 711호

전화 02) 322-7803 | **팩스** 02) 6007-1845 | **이메일** gwbooks@hanmail.net

© 문수빈, 굿웰스북스 2020, *Printed in Korea.*

ISBN 979-11-972282-1-6 03190 | **값 15,000원**

※ 파본은 본사나 구입하신 서점에서 교환해드립니다.

※ 이 책에 실린 모든 콘텐츠는 굿웰스북스가 저작권자와의 계약에 따라 발행한 것이므로 인용하시거나 참고하
실 경우 반드시 본사의 허락을 받으셔야 합니다.

※ **굿웰스북스**는 당신의 풍요로운 미래를 지향합니다.

금은보화
금고열쇠

문수빈 지음

굿웰스북스

세상에 단 하나뿐인 노래

나는 이 세상에 단 하나뿐인 존재다. 똑같은 인생이 아닌 저마다의 개성을 가지고 자신만의 색깔로 인생의 무대를 만들어가고 있다. 나와 똑같은 사람은 이 세상 어디에도 없다. 2020년 9월 8일 굿웰스북스로부터 두 번째 책 출판 계약금으로 100만 원이 입금되어 일하고 있는 컨트리클럽에서 본 하늘을 사진 찍어 감사의 문자와 함께 보냈다. 담당 실장님이 답장으로 '최고 작가님! 하늘이 볼만하네요'라고 문자를 보내주셨다. 컨트리클럽 캐디로 12년 동안 일하면서 아름다운 하늘을 처음으로 올려다보았다.

시간에 쫓기고 진행이 늦으면 "문수빈 씨, 좀 빨리 가주세요."라고 무전이 날아온다. 고객님들께 클럽을 전달해드린다. 그린 위에서 4명의 라이를 12년 동안 단 한 번도 빠지지 않고 5시간, 10시간씩 다 내가 놓아드렸다. 고객님의 볼도 깨끗하게 닦아드리려고 힘을 주다 보니 손가락 10개가 모두 퇴행성 관절염으로 통증이 심해 한 달에 한 번 양산 집에 가게 되면 파라핀 치료를 받고 온다. 내 손가락은 우리 아버지 문정칙의 고단한 인생을 사신 손가락과 많이 닮아 있다. 우리 엄마 역시 딸 5명, 아들 3명을 공부시키고 키우기 위해 도시락을 20개씩 싸는 수고를 하시면서도 힘들어하지 않으셨다. 밥과 반찬은 깍두기가 전부이지만 엄마의 정성 어린 도시락의 녹색 녹물이 녹아 있는 밥을 먹어도 배가 아픈 적은 단 한 번도 없었다. 첫 번째 책 출판 계약을 할 때에는 꿈속에서 엄마, 아버지를 만났다. 지금도 잘하고 있는 수빈이를 그냥 덤덤히 지켜보고 계실 것이다. 벌써 새벽 3시다.

〈아침마당〉과 〈세바시〉에 출연하는 것이 내 인생의 목표다! 매일매일 기도하고 일기장에 쓰고 있다. 그러면 얼마 있지 않아 꿈은 이루어진다. 마산여상 야간 고등학교를 다니면서 나는 매일매일 가난에서 벗어나게 해달라고 성당에 가서 성모 마리아님께 기도했다. 그 기도가 하늘에 닿아 고등학교 졸업 후 당당히 경남은행에 입사할 수 있었다.

하늘이 참 맑다. 올해는 내 인생의 한 획을 그은 해다. 교통사고로 2번이나 목숨을 잃을 뻔한 해이자 하나님께서 황금 티켓을 2번이나 손에 쥐어주셔서 네이버 카페 '문수빈 행복연구소' 1인 창업가로 80세까지 달려갈 수 있는 천직을 만나게 되었다. 한 사람의 은인 덕분에 55년의 인생을 송두리째 바꿀 수 있게 되었다. 경남은행에 15년을 다니면서 비서실에서 4년 동안 모셨던 송국헌 감사님이 내 인생의 첫 번째 은인이고, 교통사고로 인해 차를 폐차할 만큼 큰 사고를 당해 죽음에 갔다가 하나님의 선택으로 다시 살아나서 운명적으로 만난 〈한국책쓰기1인창업코칭협회〉(이하 〈한책협〉) 김도사님과 〈권마담TV〉 권마담 대표님이 두 번째 은인이다. 미다스북스를 통해 세상에 나의 첫 책이 나오게 되었으니 미다스북스는 내 인생 세 번째 은인이다.

우리의 삶은 단 한 번뿐인 귀한 삶이다. 살아 있는 것만으로도 축복인, 100조 가치의 고귀한 삶이다. 단 한 번뿐인 이 삶을 지상에서 천국처럼 살다가 천국으로 돌아가는 것이 우리의 진정한 과제가 아닐까 생각한다. 방금 벌이 내 어깨에 살포시 앉았다가 날아갔다. 내 마음이 꽃밭이니 꽃

금은보화 금고 열쇠

인 줄 알고 내려앉은 것 같다. 나는 세상 속의 꽃이 되었다. 아름답고 도전할 수 있는 세상이 있어 좋다. 도전하지 않고 살아가는 것만큼 재미없고 의미 없는 삶은 없을 것이다. 나 자신의 틀을 깨는 것이 좋고 나를 세상에 던질 수 있어 좋다. "도전하라! 세상을 다가져라!" 이 말은 나의 슬로건이다. 고 정주영 회장님의 말씀이 생각난다. "실패는 있어도 포기는 없다!" 나는 이 말을 가슴에 새겨놓고 살아가고 있다.

돈보다 중요한 것은 내가 이루고자 하는 꿈을 향해 나아가는 인내력, 작은 성공이라도 이루어가고 성취해가는 진취력이다. 돈은 열심히 살아가다 보면 저절로 따라온다.

돈에 목숨 걸지 말고 나의 꿈을 이루기 위해 보물지도를 그리고 그 보물지도를 집안 곳곳 눈에 잘 보이는 곳에 붙여 항상 확신하고, 그 꿈만 바라보고 생각하고 노력하며 살아간다면 못할 것은 아무것도 없다. 시작하기에 늦은 때란 없다. 코로나로 백만 명 이상의 인구가 말없이 사라지고 있다. 살아 있는 것만으로도 우리는 100조의 가치를 지닌 사람들이다. 무엇이 두려워서 꿈을 이루지 못한단 말인가? 무엇을 더 준비해야 한단 말인가? 1만t의 생각보다 1g의 실행력으로 가슴 떨리는 삶을 시작해보지 않겠는가? 지금 이 순간부터 내 인생은 시작이다!

나는 3남 5녀 중 셋째 딸로 태어나 결혼 후 딸 한 명을 낳았다. IMF로 인하여 15년을 근무하던 경남은행을 명예퇴직하고 주식투자 실패로 20년 동안 온갖 고생을 하며 모은 돈을 날렸다. 엎친 데 덮친 격으로 이혼을 하고 딸과 함께 힘들게 현실을 이겨내며 살았다. 내가 이 책을 쓰는 이유는 독자들이 나 같은 인생의 전철을 밟지 않게 하기 위함이다. 젊은 이들에게 세상에 공짜는 없다는 것과 욕심이 화를 자초하고 지금 자신이 가지고 있는 돈을 목숨을 걸고 지켜야 한다는 지혜를 알리기 위해 이 책을 쓰게 되었다. 단 한 사람이라도 이 충고를 듣기를 바라는 간절함이 있다. 그리고 젊은이들이 가장 심장 떨리고 열망하는 인생을 살아가길 바란다. 내 심장이 이렇게 뛰듯이 젊은이들이 심장 뛰는 삶을 살게 하는 것이 나의 작은 소망이다.

『금은보화 금고 열쇠』에는 나의 삶의 애환과 도전하는 정신을 담았다.

코로나로 힘든 현재의 이 상황에 조금이나마 용기를 가지고 살아가기 바라는 마음이다. 삶을 포기하고 싶은 깊은 시름에 빠져 있는 사람, 직장을 잃어 쉴 곳을 찾지 못하고 낙담하는 사람, 주식투자 실패로 삶을 포기하고 싶은 이들에게 삶의 용기를 드리고 싶다. 따뜻한 손길을 내밀고 싶다. 우리의 삶은 혼자가 아니다. 전 세계가 힘들고 모두 힘든 시간을 보내고 있다. 끝이 보이지 않는 암흑의 터널이다. 그러나 우리는 혼자가 아니다. 모두 힘을 내야 할 때다. 그들에게 작은 위로가 되기를 바란다. 작은 희망 한 스푼을 드리고 싶다.

긴 어둠에서 빛이 되어준 문창근과 문기백에게 이 책을 바친다.

2020년 11월
문수빈 작가 올림

차 례

1장

하늘은 눈부시지만 나는 눈물겹다

KEYS TO THE TREASURE BOX

1장

하늘은 눈부시지만
나는 눈물겹다

01

맞선 보고 3번 만나 결혼한 여자

보이지 않는 것들을 보이는 것처럼 믿어라.
보이지 않는 세계에서 현재 보이는 세계가
창조되었다는 것을 기억해야 한다.
— 『기적수업』, 한책협 김도사

26살 어느 날 3년 동안 다닌 꽃꽂이 선생님께서 선을 보지 않겠냐고 하셨다. 안 그래도 나는 '26살 봄에 시집을 안가면 죽어버릴 거야'라는 극단적인 생각을 가지고 있었다. 경남은행에 입사해서 신마산 지점에 근무하고 있는 친한 친구 이정미와 같은 마산 부림동 지점에 근무하는 송영희 언니와 많은 시간을 보냈다. 퇴근 후 영화를 보거나 한 달에 한 번 나이트클럽에 가서 일주일의 피로를 풀기도 했다. 마산 창동 커피숍에 앉아 문을 닫을 때까지 할 얘기도 별로 없는데 수다를 떨며 시간을 보내기도 했다. 마음이 착한 친구와 언니 덕분으로 결혼하기 전까지 은행 생활을 즐겁게 할 수 있었다.

23살 어느 날, 정미가 내게 말했다. "수빈아! 금방 신이 내린 사람이 있어. 잘 맞힌다는데 한번 가 봐!" 친구가 사는 동네에 신이 금방 내린 사람이 있어 점을 잘 본다는 것이다. 경남은행 비서실에 근무하고 있을 때였다. 점심시간에 택시를 타고 마산 남성동 파출소 옆 대왕보살 집에 가 보았다. 2층에 법당이 있었다. 보살님은 나를 보며 '학교 선생 부인 사주'라고 했다.

기분 좋은 말이었다. "26살 꽃피는 4월에, 4살 차이 학교 선생을 만나 족두리 쓰고 결혼을 한다."고 말해주었다. 나는 기분이 엄청 좋았다. 학교 선생님과의 결혼! 생각만 해도 뿌듯했다.

그렇게 바쁜 은행 생활 속에 3년이라는 시간이 흘러갔다. 꽃꽂이 선생님이 친구의 시동생이라며 선을 보라고 하셨다. 4살 차이의 막내에 국어 선생님이었다. 3년 전에 대왕보살이 말했던 것이 생각났다. '운명일까?' 친한 친구가 23살에 시집을 갔다. 갑자기 선 보고 한 달 만에 결혼했다. 그래서 나는 한동안 우울증에 시달렸다. 한 달 정도 정신과 치료를 받았다. 병원에서 치료를 받는 동안 병원 같은 병실에 20대 여자와 남자가 있었다. 그 둘은 이상은의 '담다디'를 그들의 신호로 사용하고 있었다. 병실에는 5명 정도가 있었다. 옷장이 하나 있었는데 그들은 담다디를 부르고 난 뒤 옷장 속에 들어가 있다가 나오곤 했다. 신경정신과에는 모두 자기의 세상 속에 빠져 많은 알약을 먹으며 자신의 기억을 지워가는 치료를

금은보화 금고 열쇠

하는데 그들의 불장난은 나의 눈에만 들어왔다. 사람은 앉아 있으면 눕고 싶고, 누워 있으면 자고 싶어진다.

병원에 있는 동안 나는 앉아 있을 힘도, 걸을 힘도 없이 그냥 무기력하게 누워서 시간을 많이 보냈다. 엄마에게 샴푸를 갖다달라고 전화를 했다. 샴푸를 생각한다는 것은 그래도 삶의 애착이 아직 내게 남아 있다는 증거다. 친구의 갑작스런 결혼으로 인해 우울증으로 한 달간 집에서 쉬면서 마음을 추슬렀다.

한 달 뒤 비서실에서 모셨던 S감사님께서 배려해주셔서 경남은행 비서실에 다시 근무할 수 있었다. 내 인생에서 가장 나를 아껴 주시는 멘토이자 은인이시다. S감사님은 지금 80세가 넘으셨다. 나는 55세가 되었다. S감사님과의 인연은 30년으로 지금도 카톡으로 안부를 전해드린다. 비서실과 검사부에서 6년을 S감사님을 모셨다. 경남은행을 33살에 명예퇴직하고 10년 전 44세에 감사님이 갑상선암으로 고생한 적이 있었다. 식사 대접을 해드리고 싶어 서울에 있는 서울성당 앞에서 감사님을 뵈었는데 감사님께서 회를 사주셨다. 그리고 하루를 묵을 호텔도 계산하시고 분당으로 돌아가셨다. 감사님과 헤어진 뒤 호텔비를 여쭤보았다. 하루 30만 원이라고 했다. 나는 기겁을 하며 취소를 해달라고 카운트에 요청했다. 그리고 가까운 찜질방에서 가방을 부둥켜안고 잠을 청해야 했다. 내가 양산에서 가지고 온 무거운 떡을 들고 감사님은 분당으로 내려 가셨다. 내가 철이 없어 정관장 홍삼을 댁으로 보내드려도 되는 일을 무겁게 먼 분당까지 떡을 들고 가게 만들었다. 여름이라 떡이 상하지 않게 서울역에 있는 아이스크림 가게 직원에게 부탁해 냉장고에 떡을 보관해달라고 부탁했다가 사장님께 무거운 떡을 전해 드렸다. 지금 생각해도 생각이 부족한 나 자신이 부끄럽다. 건강하게 잘 지내신다니 너무 기쁘다. 코로나가 지나고 책이 출판되면 멋진 사인을 해서 3권 정도 직접 뵙고 전해드리고 싶다. S감사님을 뵙지 못한 지 10년이 넘었다. 하지만 23살 때 모셨던 그 목소리 그대로이시다. 코로나가 사라지면 분당에 S감사님을 모시고 천사 동생과 함께 라운딩을 하고 싶다. 30년 동안 나를 챙겨주시고 믿어주신 은혜에 보답하는 마음이다. S감사님! 100세까지 함께 건강하게 눈부신 파란 하늘 보면서 차 한잔하고 아름다운 세상 이야기 나누면서 여유로운 시간을 보내고 싶습니다.

분당 〈한책협〉에 2020년 1월 19일 책 쓰기 1일 특강을 들으러 왔다고 전화를 드렸다. 오후 6시에 끝날 수업이 지연되어 저녁 8시 반이 훌쩍 넘어서야 〈한책협〉을 나왔다. 시간이 너무 늦어 감사님을 뵙지 못했다. 그리고 코로나로 책 쓰기 2주차부터는 화상으로 수업이 진행되어 감사님을 찾아뵙지 못했다. 첫 책이 미다스북스와 출판 계약이 되어 기쁜 소식을 감사님께 전해드렸다. 자기 일처럼 기뻐해주셨다. 감사님은 가족이나 마찬가지인 분이다. 내가 결혼할 때 사모님과 마산 문화원 산속까지 와주셨고, 엄마 돌아가셨을 때 진해 누추한 집까지 와주셨다. 그리고 시외에 발령이 났을 때도 시외까지 사모님과 오셔서 10만 원 권 5장을 주시고 "맛있는 것 사 먹어."라고 말씀하시며 5분도 안 되어 바로 가셨다. 딸이 초등학교에 들어갈 당시 "딸 가방 하나 사줘." 하며 50만 원을 송금해주셨다. 내가 결혼할 때에도 "필요한 것 사!" 하며 봉투에 50만 원을 손에 쥐어주셨다. 나는 3년을 비서로 일하면서 제대로 챙겨드린 것이 없다. 겨울에 스웨터 하나 뜨개질해서 드린 것, 생신 때 꽃바구니와 화장품 하나 사드린 것, 내가 좋아하는 가수 노사연, 최성수, 심수봉, 나훈아 선생님의 노래를 녹음해서 전해드린 것밖에 기억나지 않는다. 큰언니와 비서실을 나오며 마산 합성동에서 식사 대접 한 번 해드린 기억밖에 없다.

가끔 감사님께서 쓰신 글을 읽어보았다. 수필가여서 글이 아름다웠다. 프리지아를 예쁘게 말려 감사님의 책장 속에 꽂힌 앨범 속에 넣어드렸다. 가끔 임원 회의가 있으면 감사님이 쓰시던 연필을 깎아 연필통에 꽂아두던 기억이 난다. 감사님이 아침에 출근을 하시면서 멋진 넥타이를 하고 오시는 날이 많았다. 그때 나는 이렇게 감사님께 아침 인사를 드렸다. "감사님! 오늘 넥타이 양복과 잘 어울리십니다!" 지금 생각하면 손이 오그라드는 말이지만 23살 세상을 다 가진 듯이 한국방송통신대학을 다니고 있던 나는 당당하게 감사님과 복도를 마주 걸었다. 그날 까만색 힐을 신고 나는 감사님의 심부름으로 산업은행에 송금을 하러 계단을 내려가고 있었다. 마음속으로 이렇게 생각했다. '이렇게 행복해도 되나?' 너무 행복해서 신이 질투할까 봐 두려웠다.

그때 난 산업은행 출납 주임과 사귀고 있었다. 초등학교 친구의 소개로 3번 정도 만난 사이였다. 하지만 장남인 데다가 ROTC를 나와 조금 딱딱하고 데이트를 하고 나면 하루를 결산하는 이상한 습관이 있어 나와 맞지 않았다. 둘이 결혼하면 돈도 빨리 모을 수 있었겠지만 내가 맏며느리 감이 아니라 썩 마음이 내키지 않았다. 3번째 만나는 날 인연이 아니라는 직감이 들었다. 인연이 아니면 자연스럽게 인연의 끈이 놓아진다. 데이트를 신청했지만 가슴이 뛰지 않는 인연은 만날 필요가 없다. 결국 나는 그 끈을 놓아버렸다.

정미는 문씨 성을 가진 사람과 결혼했다. 내가 문씨이니 우리 집안사람과 결혼한 것이나 다름이 없다. 그래서 마음의 위로가 되었다. 주말이면 정미 집에 놀러가서 밥을 먹었다. 아들과 딸을 낳았다. 정미는 결혼 후에 할머니를 모시고 살았다. 마음 착한 정미는 결혼 후 열무김치도 담고 배추김치도 담아 자신이 진정한 주부가 되었다는 것을 자랑하기도 했다. 정미에겐 정미를 키워준 숙모가 계셨다. 어머니는 안 계시고 숙모가 정미를 키워주셨다. 아버지는 지병으로 누워 계신다고 했다. 그런 가정 형편 속에서도 정미는 어두운 구석이라고는 찾아볼 수 없었다. 아들딸도

금은보화 금고 열쇠

똑똑하게 잘 키우고 있었다. 딸 100일이 돌아와 배냇저고리를 사서 창원에 있는 정미 집에 방문한 것이 마지막이었다. 나도 결혼을 해서 바쁘고 딸을 낳은 후에는 4년 동안 시부모님이 딸을 키워주시니 주말을 시댁에서 보내야 해서 시간적인 여유가 없었다. 결국 그 뒤로 정미를 볼 수 없었다.

02

결혼이라는 환상

성공해서 책을 쓰는 것이 아니라 책을 써야 성공한다.
– 『기적수업』, 〈한책협〉 김도사

결혼을 하고 남편 학교 선생님들의 집들이와 경남은행 직원들의 집들이를 요리를 잘하는 정미 숙모에게 부탁을 드렸다. 숙모는 손이 커서 음식을 금방 금방 시원스럽게 해내셨다. 학교 선생님들도, 경남은행 직원들도 맛있게 음식을 먹고 갔다. 29년이 지난 지금 정미 숙모에게 감사 인사를 드린다. 뒤에 정미를 만나게 되는 날 숙모도 꼭 만나 뵙고 싶다.

남편과 선보는 날이었다. 남편은 얼굴에 자신이 없었는지 어두운 카페에서 만나자고 했다. 촛불이 많이 켜져 있는 카페였다. 그는 내 앞 한 발자국 앞에 카키색 바바리를 입고 걸어가고 있었다. 키가 180이니 훤칠해

보였다. 그와 처음 만났지만 낯설지 않았다. 그는 길고 예쁜 손가락으로 성냥을 차곡차곡 쌓고 있었다. 전형적인 낯선 남녀가 만나면 어색한 분위기를 없애기 위해 하는 손장난이었다. 저녁식사를 하자고 했다. 하지만 나는 거절했다. '선본 날 밥을 먹으면 깨진다'는 속설이 있기 때문이었다. 다음 날 만나 밥을 먹었다. 그렇게 우리는 3번 만나고 그가 미리 정한 결혼날짜 1991년 4월 21에 결혼식을 올렸다. 나 역시도 '26살에 결혼하지 않으면 죽는다'는 생각을 가지고 있었다. 우리는 서로 조건이 맞고 생각한 결혼 시기가 맞았다. "셋방부터 시작할 수 있느냐?"라는 그의 질문에 "네, 할 수 있습니다."라고 대답하고 3번 만나고 한 달 만에 마산 문화원에서 족두리 쓰고 구식으로 결혼식을 올렸다. S감사님과 경남은행 지점장님들을 마산 문화원 산까지 오시게 했다. 30년이 지난 지금 결혼식에 와주신 지점장님들께 머리 숙여 감사의 인사를 드린다. 창원도청에서 웨딩드레스를 입고 결혼식 전 웨딩촬영을 했다. 마산 상남동 대왕보살님 말처럼 26살 4월에 족두리 쓰고 구식으로 결혼식을 했다. 30년 동안 엄마와 딸로 지내고 있고, 30년 동안 직장동료들에게 대왕보살집을 소개해 주었다. 그래서 지금은 절이 3채다. 그만큼 나와는 인연이 깊고 잘 맞는 곳이다. 지인들의 결혼과 아파트와 상가를 사고파는 일이 있을 때는 보살님의 도움을 받았다. 항상 빨리 매매가 되었다.

결혼 사진 속의 나는 무척 행복해 보였다. 뻐드렁니를 드러내고 해맑

게 웃는 나는 세상을 다 가진 여신처럼 행복해 보였다. 그래도 웨딩드레
스를 입어 본 여자다. 주위에는 결혼 한 번 해보지 못한 사람, 가슴 절절
한 사랑 한 번 해보지 못한 사람이 많다. 그런 면에서 보면 나는 행운아
임에 틀림이 없다. 우리는 8년 동안 결혼 생활을 했고, 살아가면서 부부
싸움 한 번 하지 않고 이혼한 이상한 부부다. 시부모님께서 갓난아이 때
부터 4살이 될 때까지 4년 동안 딸을 귀하게 키워주셨다. 시골에 가면 딸
은 추운 겨울에도 맨발로 마당을 뛰어다닐 만큼 건강했고, 1주일에 한 번
씩 시부모님의 눈치를 보며 전화를 걸어 딸의 옹알이를 들을 때는 딸의
그리움과 사랑을 느낄 수 있었다. 해맑게 웃는 전화 너머의 간절함을 느
낄 수 있었다. 그래서 은행 생활을 더 열심히 감사하는 마음으로 했는지
도 모른다. 그렇게 딸은 우리 부부의 삶의 활력소요, 그리운 사람이었
다. 딸을 보기 위해 단 하루도 빠지지 않고 4년 동안 주말을 시골 시댁에
서 시간을 보냈고, 실제로 부부로 산 시간은 8년 정도밖에 되지 않는다.
결혼 8년 동안 진주에 사는 친한 친구 분의 집들이에 가본 것이 우리 부
부의 외출의 전부다. 결혼 후 한 달 뒤 19살에 고등학교 졸업 미팅에서
만난 나의 운명 K와의 이야기를 적은 일기장을 그가 보았다. 결혼식 전
날 남동생에게 대신 태워달라고 부탁한 편지와 일기장이 아직 남아 있었
던 것이다. 그 후로 그는 작은방에서 잠을 자기 시작하고 아침도 먹지 않
고 싸늘한 뒷모습을 보이며 일주일째 출근했다. 작은방에 가보니 소주병
2~3개가 나뒹굴어 있었다. 더 이상은 견디지 못해 그에게 편지를 썼다.

금은보화 금고 열쇠

그가 1주일 뒤 아무 말 없이 내게 다시 돌아왔다. 그게 우리 8년 결혼 생활의 삐걱거림의 전부다. 손편지를 써서 은행에 보내주던 문학소년 고등학교 국어 선생이었다. 그의 손가락은 하얗고 길었다. 그리고 필체도 아름다웠다. 나는 손가락이 예쁜 사람이 좋다. 그가 적어놓은 소설 속에 등장하는 희야를 나는 마음속으로 질투했다. 3번 만나 결혼했지만 마음 착한 그는 낯설지 않고 편안했다. 시골에 벼농사, 밭농사, 감 농사, 복숭아 농사를 시아버님과 둘이 도맡아 했다. 형님 두 분 계셨지만 시아버지는 막내아들을 더 미더워했다. 부지런한 시부모님은 저녁 9시에 주무시고 새벽 4시에 일어나셔서 하루를 시작하셨다. 딸을 시골에 맡기고 1주일 동안 애타는 마음으로 보내다가 시골에 내려갔다. 시골에 가면 추운 겨울에 딸이 맨발로 마루를 뛰어나왔다. 손에는 보라색 머리띠를 쥐고 있었다. 딸은 시부모님의 보살핌으로 잘 먹고 밝게 자라 건강한 몸을 가질 수 있었다. 지금 딸은 29살이 되었다. 가난에 허덕이며 밥을 굶고 제대로 고기 한번 먹인 적이 없지만 지금껏 단 한 번도 병원 신세를 지지 않은 것은 시부모님께서 딸을 4살까지 사랑으로 잘 먹여주신 덕분이라 생각한다.

딸이 초등학교, 중학교, 고등학교 시절 주식투자 실패로 20년 동안 가난으로 허덕일 때 딸과 3일 동안 물만 먹고살고, 6개월을 라면 한 봉지로 견뎌내고 전기 수도가 끊겨 추위에 떨며 살았다. 어둠 속에서 중학교 시절에 어떻게 밥을 먹고 학교를 갔는지? 준비물은 어떻게 준비했는지? 머리 한 번 빗겨주지 못하고 초등학교, 중학교 시절을 보내게 했다. 기초수급자로 수업시간에 딸에게 자존감에 상처를 준 담임선생님이 계시는가 하면 중학교 때 만난 K선생님은 중학교 1, 2, 3학년을 딸을 데리고 올라가주셨다. 딸이 대학을 졸업하면 꼭 양복 한 벌은 해드리고 싶었다. 딸이 대학을 졸업한 지 3년이 되었는데 아직도 K선생님과 카톡으로 연결되어 있다. 이제 내가 작가가 되고 1인 창업가가 되었으니 성공하면 꼭 양복 한 벌을 해드리고 싶다. 지금은 29살이 되어 호텔에 일을 마치고 오면 뻗어 쓰러져 자는 딸이지만 4년 동안 시부모님의 보살핌이 있어 딸은 지금껏 큰 병치레 없이 건강하게, 예쁘게, 착하게 살아가고 있는 거라 믿는다.

대학교 4년 동안 남자친구 L의 부모님이 밑반찬과 식사를 나보다 더 많이 챙겨주셨다. 다음 주에 작은언니 딸이 결혼을 한다. 포항호텔에서 결혼식을 올린다. 남자친구와 함께 휴가를 내서 결혼식장에 온다고 한다. 아장아장 걷던 내 딸이 결혼할 남자친구와 서울에서 내려온다. 아무일 없이 커준 딸에게 감사한다. 그리고 8년 동안 지켜준 예비사위 L과 그의 부모님께 감사한다. 딸이 미국 유학을 떠나기 전 집에 초대하여 미국에 가면 한국음식이 그립다며 나물, 회, 고기 등을 한상 차려주셨다고 한다. 엄마인 나도 밥상 한번 제대로 차려준 적이 없는데 고마운 분들이다.

금은보화 금고 열쇠

그래서 제철과일이 나면 택배로 보내드리는 것이 고작 감사의 인사다.

어느 날 꿈을 꾸었다. 까만 리무진이 고속도로를 달리고 있었다. 리무진 위에서 해골 2개가 굴러 떨어졌다. 마산 중리에 있는 K언니에게 전화를 걸어 물어보았다. 시부모님이 오래 전에 돌아가셨다고 했다. 친정아버지도 4년 전에 돌아가셨다. 열심히 농사를 짓고 살던 건강하신 시부모님이 생각보다 빨리 돌아가신 것이 이해가 되지 않는다. 그리고 시부모님이 돌아가셨을 때 딸에게 연락 한 번 해주지 않은 전남편을 이해하지 못한다. 그는 살고 싶은 사람이 생겼다며 이혼을 해달라고 했다. 그에게 양육비를 받지 않았다. 그는 22년 동안 딸에게 전화 한 번 하지 않았다. 그들은 학교 선생으로 22년 동안 잘 살아가고 있다. 그들이 사랑의 승리자들이다. 내가 진 것이다. 내가 죽을 때 전남편이 나를 생각하며 눈물 한 방울 흘릴까? 나와의 인연은 끝났지만 그는 딸의 하나뿐인 아빠인데 참 무심한 사람이다. 아니 사람이 아닌 짐승이다.

3번의 교통사고, 황금 티켓

큰언니에게서 전화가 왔다. 형부가 돌아가셨다고 했다. 형부가 지병이 있었다고 했다. 양산에서 진해 탑산 밑 병원에 형부의 영정 사진이 있었다. 형부는 60대 초반에 돌아가셨다. 서울사람으로 잘생기고 매너가 있는 사람이었다. 조카들이 예쁜 이유는 형부를 닮은 것도 있다. 큰 조카는 형부 성격을 많이 닮았다. 수학과를 나와 은행에 일하고 있다. 작은 조카는 중학교 국어 선생님이다. 큰언니는 혼자의 힘으로 딸들을 키웠다 해도 과언이 아니다. 마트에 김치를 파는 일을 오래하여 양쪽 무릎에 철심을 박는 수술을 했다. 매일 목욕탕에 가서 족욕을 하는 것이 언니의 유일한 행복이다. 두 딸은 결혼을 하여 아파트도 사고 아이도 낳았다. 손자와 손녀를 큰언니가 키우고 있다. 용돈도 넉넉히 받아 1년에 한 번은 해외 여행을 하고 온다. 어릴 때 힘들게 살아온 흔적은 이제 어디에도 찾아 볼 수 없다. 큰언니의 노력이 빛을 발하고 있다. 고생은 행복의 거울이다. 헛된 고생이란 이 세상에 없다.

형부 상갓집에 갔다 오는 길에 교통사고가 있었다. 상갓집에 갔다 오는 길이라 더 조심해야 하는데 120Km로 달리고 있던 내 차가 뒤에서 달려오는 차를 보지 못하고 1차선으로 들어갔다. 다행히 아무도 다치지 않았다. 내 차 수리비가 200만 원 정도 나오고, 상대방 수리비가 150만 원 정도 나왔다. 보험회사에서 수리비를 부담해서 다행이었다.

사고 난 차를 끌고 경주 콘도에 갔다. 추석을 보내고 딸 5명은 명절에 1박 2일을 함께 보낸다. 이번에 큰언니는 참석하지 못했다. 하지만 4년이 지난 지금 3일 동안 큰언니 옆에 있어 주지 못한 나의 부족한 마음이 후회가 된다. 물론 두 딸과 사위가 있어 굳이 내가 있을 이유는 없다. 하지만 항상 나의 대소사에 언니는 내 곁에 있어주었다. 그래도 사위들이 있어 든든해 보였다. 형부를 빨리 보낸 것이 못내 아쉬움이 남는다. 딸들도 결혼을 하고 손자 손녀도 낳고 이제 여유로운 생활을 할 수 있는데 좀 살만하니 돌아가셨다. 돌아오는 길의 나의 교통사고는 형부의 서운한 마음이 아닐까 하는 생각이 든다. 경주 콘도에서 6개월 동안 서로 지나온 일

들을 얘기 했다. 내가 고통사고가 나서 다치지 않아 다행이라고 이야기
했다.

2019년 9월 21일 저녁 10시 30분 딸에게서 전화가 왔다. 운전 중이라
전화를 받지 못했다. 그래도 엄마의 급박한 상황을 딸이 느낀 모양이다.
그래서 천륜이다. 7일 동안, 5일 동안, 3일 동안 나는 잠을 자지 않고 일
을 했다. 내년에 1, 2월 달에 미국과 프랑스를 혼자 구경하고 올 생각이
었다. 여행 자금을 모으기 위해 나는 잠을 자지 않고 일을 했다. 직장상
사가 나를 불러 이렇게 말했다. "문수빈 씨! 돈도 좋지만 잠은 자고 일합
시다! 안전이 제일 중요합니다." 그 말이 맞았다. 나는 잠을 자지 않고 계
속 일을 하고 있었다. 신장이 힘들다고 계속 통증을 호소했다. 그래서 3
일을 휴가를 냈다. 신장이 아파 병원 치료를 받기 위해 양산으로 가는 길
이었다. 하루 종일 비가 왔다. 회사 근처에 있는 공원 화장실에서 유튜브
를 찍고 있었다. 비가 조금 더 그치면 집에 내려갈 생각이었다. 비는 좀
처럼 그칠 기미를 보이지 않았다. 더 기다릴 수 없어 집으로 내려가는 길
이었다. 10분도 안 되어서 타이어에 펑크가 났다. 현대해상에 도움을 요
청했다. 30분 뒤 기사님이 도착했다. 비가 많이 내려 우산을 받쳐야 타
이어를 교체할 수 있었다. 목감기가 오는 느낌이 들었다. 목이 약한 나는
감기가 걸리지 않게 목을 감쌌다. 기사님이 타이어를 교체하고 일어나면
서 나에게 "매형 상갓집에 갔다 오는 길이다."라고 말했다. 나는 기분이

좋지 않았다. 나는 상갓집과 연관이 되면 사고가 난다. 오늘 무사히 넘어갈 수 있게 마음으로 빌었다. 수고하셨다고 3만 원을 기사님에게 드렸다. 출동비는 드리지 않아도 되지만 왠지 기분이 좋지 않았다.

2019년 9월 21일 밤 10시 반 60대 부부가 탄 차가 나의 차를 박았다. 그 찰나에 나는 이렇게 생각했다. '사람이 이렇게 죽는구나.' 차는 슬로우 비디오처럼 고속도로에서 나뒹굴었다. 그때 핸들을 있는 힘껏 잡으면서 나는 엄마, 아버지를 불렀다. "엄마, 아버지! 나 아직 살고 싶은 인생 살아보지 못했어! 딸도 시집도 안 보냈단 말야! 엄마! 살려줘! 제발!" 그리고 나는 119에 실려 병원으로 이송되었다. 나의 애마 코란도 88버 1875는 폐차되었다.

다음 날 정신을 차리고 일어났다. 쌍용 AS에 있는 나의 차에서 짐을 빼면서 막걸리를 하나 사서 차바퀴에 뿌려주었다. 나 대신 폐차된 코란도에게 감사했다. 코란도는 나의 친구나 마찬가지였다. 나의 목숨을 지켜준 코란도에게 감사했다. 목이 많이 비틀어지고 온몸이 멍투성이였다. 한 달 동안 병원에 입원 치료를 했다. 퇴원 후 6개월 정도를 한의원을 다니며 추나로 목을 교정하고 레이저로 통증 치료를 했다. 부황과 침으로 몸을 치료했다.

사고를 낸 사람이 내게 말했다. "차가 미끄러지는데 어떡합니까?" 그는 사과 대신 죽음을 넘긴 나에게 그렇게 말했다.

뒤에 보상 문제가 있었다. 차 보상비로 250만 원과 한 달 급여를 300만 원 계산해주었다. 나는 이 사고로 인해 중고차 구입비 500만 원과 수리비 100만 원, 6개월 동안 일하지 못해 2,500만 원이 공중에 사라져버렸다. 사고 낸 사람에게 전화를 했다. 중고차 가격이 500만 원이니 300만 원을 부담해달라고 요청했다. 그 중년 남자분은 얘기했다. "현대 해상에서 알아서 해줄 겁니다" 나는 그 사람으로 인해 6개월을 돈을 벌지 못해 카드 값에 허덕이며 살아가야 했다. 집에서 물리 치료를 받던 중 왼쪽 다리 엄지발가락 골절로 한 달 반을 더 쉬어야 했다. 나의 생활은 최악이 되어갔다.

7개월이 지나 일을 할 수 있을 만큼 몸이 회복되었다. 카드 값이 쌓여 마음이 조급했다. 이제 돈을 벌어야 한다고 생각했다. 하지만 하늘은 나를 돈을 벌게 내버려두지 않았다. 나는 110Km을 달리며 양산에서 부곡으로 출근을 하고 있었다. 하지만 앞에 정차되어 있는 차를 늦게 발견했다. 순간 내 머리를 스쳐갔다. 브레이크를 밟아도 내 차를 멈출 수 없었다. 내가 앞차를 받았다. 코란도 앞 범퍼에서 연기가 올라왔다. 앞 운전자가 목을 약간 뒤로 젖히며 병원에 가본다고 하셨다. 내 앞차와 그 앞차가 사고를 당했다. 나로 인해 정신적으로 금전적으로 피해를 보신 그분들에게 정중히 사과드렸다. 앞차는 수리비가 1,500만 원이 나오고, 그 앞에 차는 150만 원이 나왔다. 핸들에 가슴을 받아 통증이 심했다. 가까운

금은보화 금고 열쇠

병원에 가서 엑스레이를 찍었다. 다행이 뼈에 이상이 없다고 했다. 내차 수리비는 500만 원이 넘는다고 했다. 중고차 구입 가격이 500만 원인데 차를 살 돈도 없었다. 사정을 말씀드리고 차수리를 중고 부품을 넣을 수 있는 카센터로 옮겨 현대해상에서 110만 원을 부담하고 내가 140만 원을 부담하기로 하고 수리를 부탁했다. 돈이 없어 하루에 10만 원씩 송금을 해드리겠다고 카센터 사장님께 부탁을 드렸다. 마음 착한 사장님이 그렇게 하라고 해주셨다. 차 수리비를 송금한 날 차를 찾아오면서 사장님께 감사 인사를 했다. 배려해주신 사장님께 감사드린다. 내가 사고를 내니 내 차를 박은 그분을 이해하게 되었다. 내가 많이 원망했는데 이제는 내가 사고를 내다 보니 나로 인해 피해를 보신 분이 내게 말했다. "그럴 수도 있지요!" 아무 불평 한마디 없이 그렇게 말씀해주셨다. 아직 살 만한 세상이다.

곰곰이 생각해보면 교통사고는 내 운명의 전환점을 알리는 신호 같은 것이었다. 2019년 9월 21일 교통사고는 내 운명을 바꿔줄 유튜브 김도사님을 만나게 해주었다. 그리고 2020년 4월 7일의 교통사고로 나의 책이 미다스북스와 출판 계약을 맺어 작가로 내 인생이 바뀌었고 네이버 카페 '문수빈행복연구소' 1인 창업가가 되었다.

불행은 불행을 업고 나에게로 다가오는 듯 했다. 하지만 교통사고로 평범한 나는 〈한책협〉 김도사님을 만나 작가가 되었고, 1인 창업가가 되어 80세까지 젊은이들에게 꿈과 야망과 용기를 심어주는 메신저, 강연가, 동기부여가, 라이프 코칭가가 되게 만들어준 행운의 여신이었음을 깨닫게 되었다. 나는 교통사고로 인해 황금티켓을 손에 거머쥐었다. 하나님께서 도구로 쓰시기 위해 나에게 테스트 시간을 가지신 것이다. 3번의 죽음을 넘기면서 내가 죽을 때까지 완수해야 하는 사명을 깨닫게 되었다. 54년의 인생, 36년간의 직장 생활을 통해 깨달은 나의 삶의 원리와 비법을 알려주는 것이 나의 천직이자 사명이다. 나는 아직 살아 있다.

주식투자 실패, 신용 불량자 신세가 되다

> 우주의 법칙은 '이미 이루어진 것처럼'에 있다.
> 세상은 이미 이루어진 것처럼 사는 사람들의 것이다.
> ― 『기적수업』, 〈한책협〉 김도사

참 사는 게 힘들다. 다달이 내야 하는 카드대금, 고지서들의 밀려오는 돈을 감당하기가 힘이 든다. 오늘 현금 보관증을 써주었다. 현재는 돈이 없고 갚아야 할 돈이 산재해 있다. 옥죄어오는 생활고를 감당하기가 힘 들다. 하지만 그래도 죽을 만큼은 힘들지 않다. 미래를 꿈꿀 수 있고 내 미래는 틀림없이 무지갯빛이라는 것을 나는 알고 있다. 내 인생의 돌파 구는 책을 써서 작가가 되어 나를 브랜딩하고 1인 창업으로 54년 살아낸 내 인생의 삶의 성공과 실패의 경험으로 원리와 비법을 젊은이들에게 알 려주는 것으로 수입의 파이프라인을 창조해내야 한다. 그것만이 내가 가 난에서 탈출하는 유일한 돌파구다.

2019년 9월 21일 교통사고로 6개월 정도를 돈을 벌지 못했다. 그리고 2020년 2월 왼쪽다리 골절로 또 2개월을 쉬어야 했고 엎친 데 덥친 격으로 2020년 4월 7일 교통사고로 목과 가슴을 다쳐 3개월 정도를 일을 하지 못하고 있는 상황이다. 빚은 자꾸만 늘어만 가고 있다. 숨이 턱턱 막힐 뿐이다. 55세라는 나이가 이제는 힘이 달려 2번 일하는 투 타임은 생각하지도 못한다. 이제는 체력이 바닥이다. 돈을 벌고 싶어도 힘이 들어 버겁기만 하다. 내 체력이 얼마나 되는지 체력테스트를 하며 10일씩 3라운딩을 한 적도 있다. 하지만 그것은 나를 죽이는 살인 행위였다.

어느 날 노조 위원장이 내가 있는 지점까지 와서 10년 이상 장기 근속자들에게 퇴사를 독려했다. IMF로 경남은행이 어렵다는 것이다. 나는 그 말을 듣고 1초의 망설임도 없이 사표를 써주었다. 남편에게도 큰언니에게도 의논하지 않았다. 15년을 나를 먹여주고 입혀주고 공부시켜주고 아파트를 사게 해주고 학교 선생과 결혼해서 딸을 낳아 행복한 생활을 할 수 있게 해준 내 인생의 은인 같은 곳이기에 나는 아무런 미련 없이 기쁜 마음으로 사표를 써주었다.

그리고 퇴직금 1억과 내 명의의 아파트를 경남은행 주식에 거의 투자를 했다. 18,000원 하던 주식은 IMF 불황으로 곤두박질쳤다. 그리고 나는 20년 동안 가난 속에서 허덕이며 신용불량자로 살아가야 했다.

수중에 단돈 만 원도 없었다. 집으로 돌아갈 지하철비가 없어 여동생에게 전화를 했다. 매번 3만 원씩 빌려쓰던 처지였다. 나는 지하철비 1,300원이 없어 동생에게 만 원만 송금해달라고 부탁했다. 이미 전기 수도는 끊긴 지 오래다. 딸이 밥을 어떻게 챙겨 먹는지, 숙제는 어떻게 하는지, 학교 준비물은 어떻게 챙겨 가는지, 나는 알지 못한다. 몇 년이 흘러 하루 종일 통닭집 전단지를 아파트에 붙이는 일을 하고 5천 원을 벌어 준비물을 샀다는 얘기를 들을 수 있었다. 나는 이삿짐 센터에 일자리를 구하러 갔다. 이삿짐 부엌살림은 여자의 손이 필요할 것이라는 생각이 들었다. 그래서 체력을 좀 키우기 위해 전단지를 아파트에 붙이는 일을 하루 종일하고 24,000원을 받은 적이 있다. 딸과 똑같은 일을 해본 것이다. 힘든 일이었다. 아니 그다지 힘든 일은 아니었다. 죽을 만큼 힘들지는 않았다.

마산 여상 야간 고등학교를 입학하고 마산 MBC문화 방송 사장님실 비서로 면접을 본 적이 있다. 그때 사장님의 면접을 보는 도중 눈물을 글썽였고 면접에서 떨어졌다. 직장 생활을 잘 견뎌내려면 눈물을 보여서는 안 된다. 강인한 정신력은 눈물에서 표가 난다. 비서로서 자질이 부족했다는 것을 알아차리신 것이다. 그 뒤 2달 정도 작은 기업체 현장에서 일을 했다. 생산 제품에 본드를 바르는 작업을 했다. 하지만 2달 뒤 회사를 그만두었다. 본드 냄새 때문에 두통이 심했기 때문이다. 그 뒤 진해조선소 급사로 취업을 했다.

진해에서 마산 가는 36번 버스는 콩나물시루라고 생각하면 딱 맞다. 그때는 차장 언니가 있어 꾹꾹 사람들을 밀어 넣고 "오라이!"를 외치던 소리가 정겹게 느껴졌다. 그리고 여고생, 남학생들이 뒤엉켜 1시간 동안 두근거리는 가슴으로 버스 속에 있다는 것이 황홀했다. 버스 속에서 나는 3년 동안 공부를 했다. 부기 2급 자격증도 버스 속에서 공부해서 한국 직업 관리 공단에서 주최하는 시험에 합격할 수 있었다. 그때는 온통 내 머릿속에는 B라는 남학생이 있었다. 항상 머릿속에 B뿐이었다. 타자를 칠 때도, 학교를 마치고 집에 돌아와 잠을 잘 때도 B생각뿐이었다. 단지 비오는 날 진해 태백동 전도관 옆 철길을 손도 잡지 않고 걸었을 뿐인데, 고작 탁구 한 번 쳤을 뿐인데, 초등학교 국어 교과서 속의 '소나기' 여주인공처럼 나는 그렇게 혼자 끙끙 앓고 있었다. 회사에 와서도 점심시간에 밥을 일찍 먹고 구석에 앉아 공부를 했다. 그 조그만 노력들이 모여 내 인생을 바꿔주는 밑거름이 될 줄은 나 자신도 모르고 있었다. 본드 냄새로 두통을 견디지 못해 마산여상 교무실 취업 담당 선생님께 말씀드렸다. "집이 진해이니 진해에 있는 회사에 취업하고 싶습니다." 며칠이 지나 나는 나의 첫 번째 직장 진해 조선소에 취업하게 되었다.

3년 동안 걸어서 회사까지 아침 7시에 출근해서 저녁 5시에 퇴근을 해서 학교에 갔다. 출근을 하면 청소를 하고, 직원들 출근부를 정리하고, 선주님이 오시면 차를 드리거나, 도면을 복사하거나 서류를 정리하거나

　　　　　　　　　　　금은보화 금고 열쇠

서류를 마산의 관공서에 갖다주기도 했다. 진해 조선소에 최창무 사장님을 비롯한 직원들의 마음이 따뜻했다. 경리부 B과장님만 조금 무서웠다. 일을 제대로 야무지게 하지 못해 한 번 야단을 크게 맞은 적이 있다. 지금 생각해도 죄송한 마음이 든다. 이제는 그분도 75세가 되어 있다. 윤두이 언니, 이정민 언니도 이제 63세가 되어 계신다. 고마운 언니들이다. 3년 동안 단 한 번도 나에게 화를 내거나 핀잔을 준 적이 없다. 55세가 되어서도 마음의 여유가 없어 인사 한번 제대로 드리지 못했다. 30년이 지난 지금 진해조선소에 함께 근무하신 은인들께 머리 숙여 감사드린다. 고등학교 졸업 시험을 앞두고 나는 회사에 1주일 휴가를 냈다. 내 인생 마지막 시험인 만큼 좋은 성적으로 기록을 남기고 싶었다. 회사는 바쁜데 혼자만 생각을 했다. 집에 이정민 언니가 찾아왔다. 일주일째 새벽 6시부터 밤 11시 까지 진해 탑산 밑 도서관에서 공부를 하고 있었다. 그때는 암기를 하면 책 한 권을 다 외울 정도로 머리가 팽팽 돌아갔다. 그래서 영어와 수학을 빼고 거의 만점을 받았다. 나는 평생 해보지 못한 장학생과 반장으로 전교 7등이라는 기록을 남기고 마산여상을 졸업해 경남은행 면접에 당당히 합격하여 입사했다.

지금 나의 현실은 많이 힘들다. 딸이 대학 공부를 다 마쳐서 딸에게 돈 들어갈 일이 없는데도 7개월 동안 2번의 교통사고로 돈을 벌지 못하고 카드로 생활하다 보니 빚이 빚을 낳아 더 생활이 궁핍해졌다. 하지만 나는 출판 계약이라는 기적을 이루어냈고, 7월에 내 인생 54년을 담은 책 『나의 행복을 절대 남에게 맡기지 마라』가 출판되었다. 나는 이 책으로 강연가, 메신저, 1인 창업가, 동기부여가, 라이프 코칭가로서 80세까지 살아갈 것이다. 이런 나의 사명을 2번의 교통사고로 깨닫게 되었다. 지금 현재는 궁금할지 모른다. 하지만 죽을 만큼의 고통은 아니다. 나는 주식투자의 실패로 딸에게 "함께 아파트에서 뛰어내려 죽자."라고도 한 사람이다. 괴로우면 혼자 죽을 것이지 왜 딸까지 걸고 넘어지려 했는지 모르겠다. 산 사람은 살게 되어 있다. 죽으려면 혼자 죽어야 한다. 자기 목숨 외에 남의 목숨은 그 누구도 해할 권리는 없다. 그것은 하늘의 뜻이다. 목숨을 포기할 만큼 현재의 상황이 어려운 것이 아니다. 누군가는 20억을 누군가는 30억의 빚을 져서 갚아가고 있다고 했다. 30억 빚이 아니면 다행한 일인 것이다. 목숨을 포기하지 않을 만큼의 고통이면 된 것이다. 이만큼의 고통에 감사해야 한다. 이만큼의 축복에 감사해야 한다.

오늘 〈한책협〉에 김도사님이 이런 글을 올리셨다. 7억 정도의 땅이 나와 있어 살 것인가를 고민 중이시라고 하셨다. 얼마나 행복한 고민인가? 〈한책협〉 김도사님은 250권의 책을 쓰시고 1,000명의 작가를 배출하신 대한민국 최고의 책 쓰기 코칭가이다. 하지만 첫 번째 책을 출판을 하기 위해 7년 동안 500번의 출판사 거절의 고통을 인내하셔야만 했다. 누가 500번의 고통을 참아낼 수 있겠는가? 누가 250권의 책을 출판할 수 있

금은보화 금고 열쇠

겠는가? 김태광 김도사님이시기에 가능한 일이다. 나는 백만장자 김도사님의 제자 92기 천재작가 문수빈으로 미다스북스와 출판 계약을 해서 2020년 8월에 책이 출판되었다. 김도사님의 행복한 고민이 나는 좋다. 나는 〈한책협〉 김도사님으로 인해 작가로 1인 창업가로 부의 추월차선에 올라탔다. 금은보화 금고 황금열쇠를 찾았다. 나는 100억 재산가를 향해 달려가고 있다. 상상의 힘으로 생각이 현실이 된다는 것을 나는 알게 되었다. 우주는 이제 내 편이 되었다. 나는 우주 대통령이 되었다. 시작이 반이다. 나는 마음속으로 '나는 김도사다! 나는 김태광이다!'를 외치고 있다. 나는 하루하루 조금씩 나아지고 있다. 계속 6권까지 써나갈 것이다.

이혼녀로 살아간다는 것

믿음을 기반으로 하는 행동은 기적을 낳지만
믿음이 결여된 행동은 패배를 낳게 된다.
큰 성공은 큰 믿음에서, 작은 성공은 작은 믿음에서 비롯된다.
- 『기적수업』, 〈한책협〉 김도사

남편과 이혼한 지 22년이 되었다. 이혼하고 남편과 단 한 번도 만난 적이 없다. 남편은 딸에게 단 한 번도 전화를 하지도 찾지도 않았다. 참 그러기도 힘들다. 내가 생각한 그 사람이 아닐 수도 있다. 그는 순박하고 착한 남자라고 생각했다. 은행에 손편지를 적어 보내던 시골 청년이라는 생각으로 살아왔다. 하지만 22년이 지난 지금 생각해볼 때 그는 괜찮은 사람이 아니었던 것이다.

어느 날 그는 창원에 업무 연수가 있다고 했다. 그날 그는 그 여자를 만났다. 그의 책갈피에 그 여자의 이름이 적혀 있었다. 나는 그냥 그렇게 흘렸다. 그리고 그가 사찰 답사가 3일 있다고 했다. 나는 아무런 의심도 없이 다녀오라고 했다. 그리고 3일 뒤 그는 평소 하지 않던 모습으로 집에 돌아왔다. 딸기와 딸의 머리를 묶는 고무줄을 사 가지고 왔다. 엄마를 좀 닮아 나는 촉이 좀 발달되어 있다. 직감이 남보다 조금 빠른 편이다. 아무 말 하지 않고 아파트 주차장에 주차되어 있는 아반떼 차 안을 뒤져보았다. 내 것이 아닌 낯선 머리 숱이 차 안에 있었다. 그날 나는 그에게 아무 말도 하지 않았다.

그날 이후 그는 새벽 4시가 넘어도 돌아오지 않았다. 딸과 나는 아파트 베란다에 매달려 새벽 5시가 넘어도 돌아오지 않는 그를 기다리고 있었다. 나도 은행에 출근을 해야 한다. 딸도 유치원을 가야 한다. 그는 끝내 돌아오지 않았다. 어느 날 그는 침대에 앉아 딸에게 피리 부는 법을 가르쳐주고 있었다. 하지만 나는 그의 눈동자를 보았다. 초점 없이 풀려 있었다. 그리고 마음은 딴 곳에 몸은 이곳에 묶여 있다는 생각이 들었다.

그의 귀가 시간은 새벽 4시를 넘기는 게 다반사였다. 그렇다고 우리는 8년 동안 부부 싸움을 한 적이 없다. 그도 그렇게 잘 못하는 남편도 아니고 4년 동안 딸을 시골에 계신 시부모님이 키워 주셨기에 주말에는 4년 동안 시부모님과 딸과 시간을 함께 보냈다. 시골에 농사가 많았다. 벼농사, 감 농사, 복숭아 농사 많은 일들을 부모님과 함께 해야 했으므로 마음의 여유가 없이 4년을 보냈다. 남편은 결혼하기 전에도 집 안의 농사 일을 부모님과 도맡아 했다. 일복이 많은 사람이다. 하지만 단 한 번도 부모님께 불평 한마디 하는 법이 없었다. 어느 날 나는 그가 학교 당직을 서는 날 그를 갑자기 찾아갔다. 금방 같이 통닭을 먹던 여자는 온 데 간 데 없었다. 화장실 문들을 다 열어 보았다. 그 여자는 자취를 감추고 보이지 않았다. 같이 먹었던 통닭 찌꺼기 뼈 조각 옆에 휴지에 묻은 립스틱 흔적만 남아 있었다.

가끔 그를 미행했다. 행동이 민첩하지 않은 나를 보고 그는 비웃고 있었을 것이다. 그 여자에게 전화를 걸어 만나자고 했다. 나와 꼭 닮은 삐쩍 마른 여자가 내 앞에 앉아 있었다. 그 여자는 내게 말했다. "그런 사이 아닙니다. 잘못 아셨습니다." 남편에게 전화해서 호프집에서 만나자고 했다. 그는 그날 술을 마시지 않았다. 술도 못 마시는 나는 맥주 500CC를 혼자 마시고 "니가 선생이가! 니가 무슨 선생이고!"를 혼자 외치다가 남편의 부축을 받으며 집으로 돌아왔다. 나는 남편의 귀가 시간이 늦어져 새벽 4시가 되어 잠을 이루지 못할 때에는 빨랫감을 잔뜩 꺼내다가 손빨래를 했다. 그렇게라도 시간을 죽여야 했다. 어느 날 전기밥솥이 내 앞에서 '펑!' 하고 터졌다. 머리가 조금만 더 가까이 있었다면 나는 즉사했을 것이다. 남편이 평생 하지 않던 낚시를 가자고 했다. 깊은 물이 있는 저수지였다. 발이라도 잘못 디디면 죽을 수 있는 깊이였다. 22년이 지난 지

금은보화 금고 열쇠

금 가끔 소름이 끼친다. 그가 내게 말했다. "당신이 싫어서 이혼하는 것이 아니다. 살고 싶은 사람이 생겨서 이혼해달라는 거다!" 이게 무슨 소리인지 모르겠다. 그는 살고 싶은 사람이 생겼다며 이혼을 해달라고 했다. 처음엔 이혼을 하지 않고 살아보려 했다. 하지만 마음이 떠난 사람 붙들면 뭐 하겠느냐는 가족들의 말에 이혼 도장을 찍어주었다. 딸의 양육비도 받지 않았다. 그들은 22년째 학교 선생으로 잘 살아가고 있다. 그들은 사랑의 진정한 승리자다.

그도 시부모님도 시댁 가족들도, 단 한 사람도 우리 딸을 챙기지 않았다. 참 잔인한 사람들이다. 남편 역시 잔인한 사람이었던 것이다. 내가 사람을 잘못 보았다. 나는 10년 동안 남편의 양복을 버리지 못했다. 아니 버릴 생각이 없었다. 그를 그다지 미워하지 않고 이혼을 했다. 이혼한 날 나는 그의 학교에 장미 100송이로 만든 꽃바구니를 보냈다. 8년을 같이 살아준 고마움의 표시였다. 그리고 딸의 아빠이기도 했기에. 그는 이혼하는 날 나에게 마음에도 없는 얘기를 했다. "잘 못 키우면 딸을 데려오겠다!" 그는 거짓말도 늘어 있었다. 합의 이혼은 쉬웠다. 판사가 "이혼 합의합니까?"라고 물으면 "네."라고 대답하고 단 1초 만에 이혼 절차가 끝이 났다. 그리고 이혼한 날 우리는 딸과 셋이 횟집에 가서 회를 먹고 노래방에 가서 마지막 이별 노래를 불렀다. 나는 노사연의 만남 노래를 그는 18번인 엘레지를 불렀다.

우리는 8년 동안 부부 싸움 한 번 안 하고 이혼한, 이상한 부부였다. "열녀 났네." 10년 동안 남편의 양복을 버리지 않고 있던 나를 보고 큰언니가 한 말이다. 이제 나도 버릴 때가 되었다고 생각했다. 그리고 의류 수거함에 양복을 넣었다. 그날 나는 많은 생각에 잠을 이루지 못했다. 그와 싸워보기라도 할 걸, 그래야 미운 정 고운 정도 드는데. 우리는 3번 만나 결혼해서 다음해 딸을 낳아 시부모님이 키워주시는 시골에 4년 동안 쫓아다니느라 결혼해서 여행 한 번 가본 적이 없다. 진주에 있는 친구 집에 놀러간 것이 8년 결혼 생활의 여행의 전부다. 새벽 6시에 일어나 출근하고 밤 9시가 되어서야 마산 우리 집에 도착한다.

　나 역시도 은행 업무를 마치면 9시가 훌쩍 넘었다. 남편이 일찍 집에 올 때는 된장찌개를 끓여놓고 기다리기도 했다. 가끔 은행 동생들이 집에 놀러올 때는 깨끗이 집 청소를 해줄 만큼 마음이 따뜻한 사람이었다. 가끔 카카오톡에 나와 있는 그의 얼굴을 볼 때가 있다. 가끔 아들 사진이 올라올 때도 있다. 그는 잘 살아가고 있다. 후회 없는 삶, 후회 없는 선택이었겠지? 모두 그가 선택한 삶이다.

　사람의 인연은 인력으로 되는 것이 아니다. 사랑도 인위적으로 만들어지는 것이 아니다. 하늘이 맺어준 인연이어야 부부로 살아가는 것이다. 나보다 그들은 22년째 잘 살고 있으니 하늘이 맺어준 인연일 것이다. 그들의 행복을 축복한다. 그는 하나뿐인 나의 딸의 천륜 아빠다. 그래도 이 세상에 살아 있는 것이 낫다. 그도 이제 59세라는 나이를 먹었다.

세월이 참 빠르다. 벌써 내 나이가 55세가 되고 딸이 29살이 되었다. 딸은 나보다 현실적이고 검소하다. 나는 비현실주의적이고 돈 개념이 없는 편이다. 있으면 남에게 다 퍼주는 성격이고 정작 나 자신은 챙기지 않는다. 회사 동생 부모님이 키우는 메론을 4박스를 샀다. 어쩌면 올해가 골프장 마지막 해가 될지 몰라 어버이날에 금방 따온 메론을 골프장 사장님, 이사님, 경기과에 한 박스씩 은혜에 감사하는 마음을 담아 갖다드렸다. 그리고 딸의 남자친구 집에도 택배로 보내드렸다. 금방 딴 메론이라 싱싱하고 맛이 있었다. 4박스 사서 딱 2조각 먹어보았다. 그것도 동생이 맛보라고 한 개를 준 것이다. 나는 지금껏 살면서 나를 위해 제대로 챙겨 먹어본 적이 없다.

항상 회사에서 일을 준 동생들 챙겨주고 고객님들 차에 실어드리고 정작 나는 챙기지 못했다. 이제는 나도 챙기면서 살아야겠다는 생각이 든다. 햇반에 물 말아 먹는 것이 전부라 나이 55세에 캐디 일을 하기에 버거움을 많이 느낀다. 돼지고기를 사먹을 일이 없으니 더 힘이 부친다.

목에 매일 파스를 붙여야 하고 열손가락은 퇴행성 관절염 통증으로 힘들고 허리디스크로 고통스럽고 2번의 교통사고로 몸은 망가질 대로 망가져 있다. 이제 나는 더 이상 물러설 곳도 없다. 더 이상 추락할 것도 없다. 더 이상 내려갈 곳도 없다. 올라갈 일만 남아 있다. 54년 살아낸 저력으로, 36년의 직장 생활의 노하우로 나는 1인 창업가가 되어 네이버 카페 '문수빈행복연구소'로 우뚝 섰다.

06

죽느냐 사느냐, 선택의 기로

과거에 대해 후회해봐야 현재나 미래가 나아지지 않는다.
오히려 더 나빠질 뿐이다.
- 『기적수업』, 〈한책협〉 김도사

주식투자 실패로 힘든 하루하루를 버텨내고 있었다. 앞날은 막막하기만 했다. 희망이라고는 아무것도 없었다. 택시를 타면 가는 도중 뛰어내릴까 하는 마음으로 몇 번을 생각했다. 트럭이 지나가면 뛰어들까 생각했다. 마산 합성동 시외버스 터미널에 있는 교회에 뛰어내리려고 갔었다. 먹지도 못하는 소주를 한 병 마셨다. 벨트로 목을 매어보기도 했었다. 하지만 더 이상 고통을 참아내지 못했다. 새벽 4시에 새벽 기도를 온 사람 속에 나는 앉아 있었다. 그리고 4층 계단을 올라가 베란다 끝에 누워 발로 앞으로 나의 몸을 밀어내고 있었다. 소주를 3병쯤 마셨다면 나의 목숨을 끊었을지도 모른다. 하지만 나는 차마 몸을 던지지 못했다. 나에게는 딸이 있었다. 그리고 집으로 돌아왔다. 목숨을 끊어보려 진주 촉석루까지 찾아갔지만 벼랑 끝으로 뛰어내리지 못했다.

부산 서면에 있는 철학관에 한번 가보자는 생각이 들었다. 철학관에 들어서니 70대 할아버지가 계셨다. 할아버지는 나의 험악한 눈빛을 보았을 것이다. 할아버지는 이 사람한테 좋은 말을 하지 않으면 죽겠구나 하는 생각을 하셨는지 "43세가 되면 100억 재벌이 된다."라는 말을 해주셨다. 나에게 실낱같은 희망을 하나 주었다. 그 말을 듣지 않았다면 나는 희망을 가지고 살아가지 못했을 것이다. 그 말을 듣고 나는 정신을 차려야 한다고 생각했다.

지금 생각해보면 죽지 않은 것이 얼마나 다행인지 모른다. 그때 이후로 나는 죽을힘을 다해 쌍용자동차 영업 3년을 해서 한 달에 5대를 출고하고 10대를 팔기도 하는 영업력이 있는 카세일즈맨이 될 수 있었다. 부동산 붐이 일어 3년 동안 상가 분양 영업을 해서 20억 원을 2번 계약하기도 해 분양 수수료로 1억 원을 벌었다. 내가 이 세상에 없었다면 딸의 운명은 어떻게 되었을까? 생각만 해도 끔찍하다. 참 살기를 잘했다. 잘 견뎌냈다. 힘든 시간을 견디다 보면 언젠가는 좋은 날이 온다는 것을 알게되었다.

내가 지금 돈이 없고 엄청난 고통에 시달리며 하루하루 버티기가 힘들다면 이제는 돈이 들어올 타이밍이라고 생각하면 된다. 위에서 나 자신을 들여다보는 안목, 안경을 가져야 한다. 돈이 많다면 이제 돈이 나갈 시기라는 것을 알아야 한다. 시계추처럼 돈의 흐름은 좌우로 움직이는 것이다. 나 역시 지금은 돈 때문에 힘들다. 그러면 이제 1인 창업으로 돈이 들어올 시기가 되었다. 미래를 믿고, 확신으로 살아가야 한다.

참 힘겨운 시간이었다. 그래도 나는 아침 7시에 나가 밤 12시에 들어와 회사에 가서 점심은 먹었었다. 딸은 밥을 어떻게 해결했는지 모른다. 전기 수도가 끊긴 어두운 집에서 숙제는 어떻게 했으며, 학교 준비물은 어떻게 챙겼는지 난 알지 못한다. 딸의 머리 한 번 빗겨주지 못했다.

같은 임대 아파트에 사는 경비실 할아버지께서 우리를 많이 불쌍히 여기셨다. 그 마음을 알기에 12년이 지난 지금 한번 찾아가보았다. 그리고 내가 살던 104호를 핸드폰으로 찍어 왔다. 그 힘들었던 마음을 알기에, 초심을 잃지 않기 위해서 아파트 사진을 찍어 왔다. 슈퍼를 하셨던 할아버지 댁에 찾아갔다. 할아버지는 돌아가셨다고 했다. 생강차 한 병을 드리고 왔다. 우리에게 말을 걸어주시던 할아버지께 감사의 묵념을 했다.

그 어려운 시기가 지나고 딸이 대학을 졸업하고, 미국 유학도 다녀왔

금은보화 금고 열쇠

다. 단돈 만 원도 없던 내가 12년 동안 죽을힘을 다해 살아 딸을 대학 졸업을 시키고 지금은 그 딸이 서울에서 호텔리어로 일하고 있다. 미국 유학을 다녀와서 딸이 중국 풀만 호텔에 인턴을 신청했다. 그때 DHL 면접을 본 상태였다. 낮에 잠깐 잠이 들었다. 꿈속에 박근혜 대통령이 군사 500명을 이끌고 우리 집에 밥을 먹으러 오는 꿈을 꾸었다. 나는 미래를 보는 꿈을 많이 꾸는 편이다. 돈이 들어오려고 하면 6개월 전부터 선몽을 한다. 그래서 무슨 좋은 일이 있을 것인가 보다 하고 생각을 했다. 같은 날 잠시 또 꿈을 꾸었다. 노란 대봉투가 꿈에 보였다. 그리고 잠을 깬 후 잠시 뒤에 DHL에서 전화가 왔다. "DHL 합격했습니다!" 딸의 합격 통보를 받았다. 하지만 딸과 나는 외국에 대한 환상이 있었으므로 "죄송합니다. 중국에 유학을 갑니다."라고 말하고 딸은 비행기를 타고 중국으로 떠났다. 타향에서 5개월의 인턴 생활은 녹록지 않았다. 딸의 머리카락이 한움큼씩 빠지기 시작했다. 스트레스가 심했기 때문이다. 한국으로 돌아오기를 권했다. 그리고 5개월 후 딸은 한국에 돌아왔다.

중국에서의 인턴 생활은 딸의 인생에도 많은 도움이 되었을 것이라고 생각한다. 5개월간의 중국 풀만 호텔 인턴을 마치고 한국에 돌아와 1년 동안 승무원 면접을 준비하고 면접을 보았다. 싱가포르 항공을 비롯한 여러 외항사 승무원 면접을 보았지만 딸의 운명은 승무원과 인연이 되지 않았다. 예쁘고, 키 크고, 착하고, 영어 잘하고 무엇 하나 빠진 것이 없었지만 합격의 문은 쉽게 열리지 않았다. 면접을 볼 때마다 휴가를 내어 면접장까지 바래다주었다. 만만치 않은 학원비와 미용실 비용은 부담으로 다가왔다. 조금만 힘을 내면 합격할 것 같은 희망고문을 당했다. 3년이 지난 지금 생각해보면 어릴 때 잘 먹이고 키우지 못해 체력이 약한 딸에게는 승무원보다는 바로 병원에 갈 수 있는 호텔리어로 근무하는 것이 다행이라는 생각이 든다. 가끔 분당 〈한책협〉 책 쓰기 수업이 있어 서울에 갈 때가 있다. 이제는 29살이 되어 자기 앞가림 알아서 하고 엄마의 도움 없이 돈을 모아 결혼도 하고 집도 산다고 하니 더할 나위 없이 뿌듯하다. 캠퍼스 커플로 만나 8년 동안 남자친구와 아직까지 서로 위하고 사랑하며 지내는 것이 대견하고 보기 좋다. 나보다 더 현실적으로 돈의 귀중함도 알고, 알뜰하게 하루하루를 살아가니 좋다. 벌써 29살이 되어 2~3년 후면 결혼도 하고 아이도 낳고 가정을 꾸릴 나이가 되었다고 생각하니 정말 기쁘기만 하다. 힘든 삶을 잘 참아내주어 고맙다. 예쁘고 착하게 커주어 고맙다! 그리고 건강하게 커주어 고맙다. 살다보니 이렇게 행복한 시간도 돌아온다. 고생 끝에 낙이 있다는 말이 맞는 말이다. 힘든 시기를 이겨내고 나면 좋은 날이 도래하는 것이 인지상정이다. 나에게도 우리 딸에게도 이처럼 행복한 날이 도래하였다.

 사람이 죽으란 법은 없다. 힘든 시기가 지나가면 보상을 해주듯 기쁜 순간이 도래한다. 단돈 만 원도 없던 내가 10년 동안 2시간 이상 자지 않고 일해서 5억 원을 벌어 딸을 대학 공부를 시키고 미국 유학을 보냈다. 8남매 중 가장 가난하고 가장 여유가 없는 내가 딸을 미국 유학을 보내는 기적을 만들어냈다. 앞에서 말한 것처럼 나는 책을 냈다. 사인도 준비했고 강연에 나가 보여줄 PPT도 준비했다. 강연과 유튜브 수업도 들어 작가와 1인 창업가로서 나아갈 준비를 다 마쳤다. 이제 내가 살아온 54년 인생의 실패했던 경험, 성공했던 경험, 36년간의 직장 생활의 경험들을 젊은이들에게 나누며 살아갈 것이다. 모든 것이 다 준비가 되었다. 나는 54년을 살아냈고 이 저력으로 젊은이들에게 도전하는 정신과 야망과 꿈을 심어주기만 하면 된다. 단 한 사람의 생명을 구하고 인생을 바꿀 수만 있다면 내가 이 세상에 태어나 하나님께서 주신 천직과 사명을 깨닫고 살아가는 도리를 다한 것이다.

어버이날에 사장님, 이사님, 경기과에 메론 한 박스씩 갖다 드렸다. 올해가 마지막이 될 수 있다는 생각에 준비한 마지막 어버이날이다. 12년 간 일할 수 있게 해 주시고, 인생의 기회를 주신 분들이다. 돈을 벌어 딸을 대학 공부시키고 먹고살 수 있게 해 주신 은인이시다. 머리 숙여 감사 드린다. 이제 컨트리를 떠날 생각을 하니 아쉬움이 많이 남는다. 나는 아직 이 일이 좋다. 나는 고객님과 함께하는 것이 좋다. 마음 따뜻한 그분들을 만나는 것이 좋다. 오늘 라운딩이 끝나고 사장님 한분이 기다렸다가 16,000원을 주고 가셨다. 또 조금 있다가 한 분이 10,000원을 주고 가셨다. 고객님들은 항상 내가 고마운데 도리어 고맙다고 돈을 주시고 가신다. 내 마음과 똑같다. 나는 고객님께 감사하고, 고객님은 나에게 고맙다고 하신다. 그래서 우리는 항상 이곳에 오고 싶고 이곳에 남고 싶다. 당신의 인생을 바꾸고 싶다면 010-5019-3548로 전화하기 바란다. 자신의 운명은 정해져 있지 않다. 누구나 자신의 운명을, 인생을 바꿀 수 있다. 내가 그것을 증명했다. 나는 작가와 1인 창업가로 인생을 바꾸었다. 나는 부의 추월차선에 올라탔다.

07

세상은 눈부시지만 나는 눈물겹다

현재와 미래를 바꿀 수 있는 방법은 과거에 대해 후회하는 시간과 에너지를
더 나은 현재를 살기 위해 쓰는 것이다.
그러면서 미래에 대한 기대감으로 살아가라.
— 『기적수업』, 〈한책협〉 김도사

딸의 얼굴을 보았다. 미간에 주름을 많이 찡그리는 얼굴상으로 변해
있었다. 호텔 행사를 도맡아 하니 많이 힘들다고 했다. 나 역시도 경제적
으로 많이 어려울 때 미간에 깊은 주름이 생겼다. 경제적으로 어렵게 되
니 얼굴에 깊은 주름이 생기게 된 것이다. 작가가 되었으니 1인 창업으로
빨리 일어나기를 소망하고 있고 상상의 힘으로 내 마음속에 화려한 미래
의 그림을 그려놓았다. 그리고 나는 빛나는 나의 미래를 위해 버퍼링 시
간을 견뎌낼 것이다. 이제 이 시간만 견뎌 내면 된다. 나는 54년을 잘 살
았고, 36년간의 직장 생활을 잘 견뎠다. 나는 잘할 수 있고, 하나님께
서 준비하신 나의 천직, 젊은이들에게 메신저, 동기부여가, 강연가, 라이

프 코칭가, 1인 창업가로 그들의 인생을 변화시키고 인생의 고귀함을 깨닫게 하는 사명으로 살아갈 것이다.

28년 동안 부족한 엄마 곁에서 열심히 살아준 딸이 고맙다. 초등학교, 중학교, 고등학교, 대학교, 미국 유학생활까지 잘 견뎌주고 가난을 잘 이겨내준 딸이 고맙다. 딸은 지금 호텔리어로 2년 동안 회사 생활을 잘하고 있다. 8년 동안 캠퍼스 커플로 만나 아름다운 사랑을 잘 키워가고 있고, 돈을 모아 결혼 준비도 하고 집도 사고 아름다운 내일을 준비하고 있으니 행복하기만 하다. 현재는 많이 힘들고 버겁지만 잘 견뎌내야만 한다.

강연 과정 수업을 마치고 양산 집으로 돌아간다. 내일 일요일 2시 비행기로 갈 예정이었지만 서둘러 6시 반 막차 비행기를 타기 위해 공항으로 달려갔다. 다행히 6시 반 비행기를 추가 요금을 내고 표를 끊어 김해공항으로 돌아가는 비행기를 탈 수 있었다. 그동안 달려온 시간들 때문에 잠시 쉬고 싶었다. 어제 비가 와서 쉬었지만 잠을 푹 자지 못했다. 계속 잠이 쏟아진다. 집에 가서 잠도 푹 자고 책도 쓰고, 집 청소도 할 생각이다.

오늘 강연 수업 때 작가님들의 인생 이야기를 들었다. 30년 동안 주부로만 계시다가 남편의 사업 부도로 4가지 일을 해서 5억의 빚을 갚으셨다고 하셨다. 6년간 남편의 병원 생활 병수발을 하셨고 지금은 돌아가셨다고 한다. 지금은 빚을 다 갚아 빚이 하나도 없어 행복하다고 하셨다. 어머니의 병간호를 하고 계시지만 한없이 맑은 소녀 같은 감성으로 "나 이제 빚 하나도 없어요!"하며 밝게 웃으시는 모습을 보며 나는 물개 박수를 쳤다. 그분의 행복을 응원한다.

4년 전 나도 한때는 빚이 제로인 상태가 있었다. 신용카드도 만들지 않고 10년을 살았다. 영화배우 K씨의 죽음으로 나는 딸과 세계 일주를 해야겠다고 마음을 먹었다. 한 달을 회사에 휴가를 냈다. 베트남, 태국, 제주도로 한 달 정도 여행을 다녀왔다. 그때 딸도 취업 준비를 하고 있던 중이라 흔쾌히 여행을 떠나주었다. 인생은 한 번뿐이다. 얼마 전 30대 초반 영화배우가 암으로 세상을 떠났다. 그 뿐만이 아니라 코로나로 전 세계에서 사람들이 죽어가고 있다. 책 쓰기와 1인 창업 수업을 듣기 위해 부산에서 서울로 비행기를 타고 가야 한다. 2020년 8월 16일엔 강연 수업이 있어 금~일 휴가를 냈다. 다음주 23일엔 유튜브 과정 수업이 있어 22~24일 휴가를 낼 예정이다. 2020년 1월 19일 책 쓰기 1일 특강을 듣고 평범한 50대 주부에서 작가가 되고 1인 창업가가 되어 네이버 카페 '문수빈행복연구소'를 오픈했다. 10~40대 젊은이들에게 꿈과 야망을 심어주고 싶다. 인생은 단 한 번뿐이므로 내가 가장 심장 떨리는 삶을 살아야 한다. 그래서 나도 돈이 없어도 신용카드를 써서 책 쓰기 수업과 1인 창업 수업 과정을 듣고, 배우고 있는 것이다.

노력하면 언젠가는 돈을 벌 수 있는 기회를 하나님께서 만들어 주신다. 우리는 현재를 사는 것이 아니라 미래의 빛나는 나의 인생을 바라보고 살아가는 것이다. 현재는 금전적으로 쪼들리고 하루하루 카드빚에 살아가기가 숨이 턱턱 막히지만 옛날 어려웠던 시절처럼 죽음을 생각할 만큼의 어려움은 아니다. 한 달에 300만 원을 벌 수 있는 직장이 있고, 1인 창업으로 코칭을 하면 수입의 파이프라인을 만들어 나갈 수 있다. 나는 야망이 크다. 80세까지 은행도 설립하고 싶고, 골프장도 짓고 싶고, 자동차 회사도 설립하고, 백화점도 짓고 싶다. 그래서 무일푼이어도 꿈을 꾸고 내일을 향해 도전하며 감사하고 내 마음속의 화려한 꿈과 야망으로 오늘을 견뎌내고 버퍼링 시간만 견디면 무엇이든 이룰 수 있다는 것을 증명해보일 것이다. 하나님께서 말씀하셨다. "찾으라! 그러면 찾을 것이요! 두드려라! 그러면 열릴 것이다!" 나는 이 말을 확신하고 믿게 되었다. 나는 하나님의 딸로 하나님은 내 심장 속에 계신다. 나는 하나님이다. 내가 생각하는 것이 하나님께서 준비하신 나의 미래임을 알게 되었다. 그것은 욕심이 아니다. 내가 충분히 그것을 소유할 수 있는 그릇이 되었기에 그것을 꿈꾸는 것이다. 생각이 현실이 되고, 상상이 현실이 된다. 나는 태어남에 감사하는 마음, 살아 있음에 감사하는 마음부터 시작했다. 자신의 인생을 바꾸고 싶은 독자는 네이버 카페 '문수빈행복연구소'에 댓글을 남기거나 010-5019-3548로 전화주기 바란다! 누구나 인생을 바꿀 수 있다. 나도 작가, 1인 창업가, 강연가, 메신저, 동기부여가, 라이프 코칭가가 되었다. 36년간의 직장 생활 노하우로 여러분의 인생을 바꿀 수 있다!

　2020년 9월 19~21일 3일 휴가를 냈다. 1일 책 쓰기 특강에 참석하기 위해서다. 6주 책 쓰기 과정을 마치고 한 달이 조금 지나 미다스북스와 출판 계약을 해서 2020년 8월 11일 『나의 행복을 절대 남에게 맡기기 마라』라는 책이 출간되었다. 네이버 카페 '문수빈행복연구소'를 오픈하여 좀 더 나은 사업가가 되기 위해 유튜브와 강연 과정 수업에 500만 원이 넘는 수업료를 지불하고 휴가를 내어 분당 〈한책협〉에서 수업을 받았다. 수업료를 내기 위해 더운 여름 잠을 자지 않고 매일 2번 일을 해서 겨우 신용카드 대금을 결제할 수 있었다. 사람은 해야 할 일이 있으면 자신도 모르는 에너지와 자신이 해야 할 일을 처리할 수 있는 힘을 내게 된다. 딸을 미국 유학을 보낼 때도 그러했다. 딸이 미국으로 떠나는 날 내게 말했다. "기숙사비가 1,600만 원이야!" 나는 그 말을 들으며 암담했다. 그 돈은 디스크 4개가 내려 앉아 2달마다 뼈 주사를 맞아야 일할 수 있는 나에게는 감당하기 힘든 금액이었다. 열 손가락은 파라핀 치료를 1주일에 한 번씩 하지 않으면 통증을 이길 수 없는 지경이 되었다. 오른쪽 다리 허벅지 뒤를 송곳으로 내려꽂는 고통을 인내하며 잠을 자지 않고 10시간씩 일을 한다는 건 엄청난 고통이다. 일을 하다가 쓰러져 죽는 것이 아닐까? 하는 생각이 자주 들었다. 그런 고통을 딸은 알지 못한다. 지금은 29

살이 되어 호텔리어로 직장 생활을 잘하고 있다. 나 역시 엄마로서 챙겨 준 것이 없기에 자격이 없어 딸에게 할 말이 없다. 이제 성인이 되어 자신이 해야 할 일을 알고, 미래를 준비하고 있으니 더 이상 걱정할 것이 없어 좋다. 우리는 힘든 현실을 이겨낸 모녀다. 딸은 아무 말 없이 그 힘든 시간을 이겨내주었다. 항상 딸에게 고맙다는 말 한마디 하지 못했다. 예쁘게 건강하게 잘 커줘서 고맙고, 뭐든지 잘해서 고맙고, 사랑하는 사람을 만나서 고맙다. 딸의 빛나는 미래를 응원한다.

최악의 질병은 돈의 귀중함을 모르는 것이다

우주는 당신의 명령을 기다리고 있다.
믿음과 확신으로 명확하게 요청하라!
-『기적수업』, 〈한책협〉 김도사

나는 지금 경제적으로 어려운 가운데서도 고마운 분들에게는 꼭 과일 선물을 해드리고 있다. 그렇게 감사함을 표현해야 내 마음이 편하다. 회사 동료 지인이 키우신 메론을 5박스 사서 사장님, 이사님, 경기과, 딸 남자친구 집, 그리고 내가 사랑하는 엄마에게 한 박스 드렸다. 올해가 마지막으로 컨트리에 일한다고 생각하니 자꾸 챙겨주고 싶다. 홍삼을 30만 원 주고 사서 사장님께 갖다 드렸다. 파프리카를 3박스를 사서 지인에게 보내드렸다. 나는 내가 먹는 것보다 평소 내가 신세 진 은인에게 선물을 하는 것이 더 마음이 뿌듯하고 좋다. 평생 그렇게 살았다. 119에 제철 과일을 사서 한 박스를 보내 드렸다. 119 차가 서 있으면 약국에 가서 박카스 두 박스를 사서 차에 넣어드리기도 했다. 나는 사람들이 왜 이렇게 고마운지 모르겠다. 나는 고작 햇반에 물 말아 먹는데 말이다. 돈의 소중함을 모르는 것일까? 그런 건 아닐 것이다. 선물은 감사함의 표시다. 내가 신세 진 은인들에게 감사하는 마음의 표현이다.

미다스북스의 실장님이 '찬란한 작가님'이라고 불러주셨다. 정말 찬란한 사람이 되기 위해 더 열심히 살아야겠다고 마음속으로 다짐했다. 사람은 혼자 성공할 수 없다. 혼자 일어설 수 없다. 서로 의지하며 살아가라고 사람 '人'자도 의지하며 서 있는 것이다.

나는 주식투자 실패로 퇴직금 1억과 15년 동안 모은 돈으로 산 내 명의의 아파트를 날렸다. 돈의 소중함을 조금이라도 알았더라면 주식투자라는 위험한 투자를 선택하지 않았을 것이다. 처음에는 경남은행을 위하는 마음으로 주식을 샀지만 18,000원 하던 주식은 IMF로 인해 곤두박질쳐 공중으로 전 재산이 사라져버렸다. 마산여상 야간 고등학교를 다니면서 잠 안자고 버스 속 2시간의 시간을 아껴가며 공부를 하고, 진해 조선소 3년 동안 급사 생활을 하며 엄마가 싸주신 도시락을 10분 만에 밥을 물에 말아 먹고 주산을 3년 동안 튕기며 노력한 내 노력을 무의미하게 만들었다. 3년 동안 일요일에 진해 탑산 밑 도서관에 아침 6시에 문을 열고 밤 11시에 마지막 문을 닫고 나오던 나의 가난의 설움을 무색하게 했다. 그렇게 힘들게 3년을 견뎌내고 이겨내어 경남은행을 들어가 15년 동안 착실하게 은행 생활을 해서 모은 돈을 나는 순간의 판단 착오로 잃은 것이다. 정말 어리석은 선택이었다. 돈의 귀중함을 몰랐던 것이다. 세상에 공짜 돈은 없다! 욕심은 화를 부르고, 지금 내가 가지고 있는 돈을 목숨을 걸고 지켜내야 하는 것이다. 이것은 내가 10~40대 젊은이들에게 전달해야 하는 메시지다. 나는 돈의 귀중함을 뼈저리게 느끼지 못해 주식투자로 실패하여 20년의 세월을 낭비하고 돌아와 여기에 서 있다. 내가 죽을 때까지 메신저로 살아가야 하는 이유가 여기에 있다. 단 한 번뿐인 인생을 나는 세상에 공짜 돈이 있다고 생각하고 살아왔다. 54년 내 인생이 실패한 원인은 세상의 공짜 돈이 있다고 생각해 주식투자를 한 것이었다.

세상에 공짜 돈은 없고 자신이 피땀 흘리지 않은 노력의 돈은 잠시 자기가 보관할 뿐이지 진정한 자기 돈이 될 수 없다. 이것만 젊은이들이 가슴에 새기고 산다면 나처럼 어리석게 20년의 세월을 낭비하는 실수는 범하지 않는다는 사실을 확실히 말해줄 수 있다. 그리고 욕심이 화를 자초하니 절대 자신의 분수에 맞지 않는 욕심을 부려서는 안 된다는 것을 가슴에 새기고 살아가야 한다. 그리고 지금 내가 가지고 있는 돈을 목숨을 걸고 지켜내야 한다는 것을 잊어서는 안 된다.

4년 전 양산 대방 아파트 붐이 일었었다. 그때 나는 대방 7차 끝물에 프리미엄 없이 분양권을 하나를 잡을 수 있었다. 프리미엄 3,500만 원이 올라 분양권을 매도를 했다. 통장에 4,500만 원이 계약금과 함께 입금되었다. 딸에게 자랑을 했다. 하지만 또 내 마음이 욕심을 부렸다. 프리미엄 5천만 원이 되면 팔아야겠다는 욕심에 분양권 2개를 또 잡았다. 하지만 욕심이 화를 불렀다. 한 번은 대출이 되었지만 급여가 증명이 안 되는 직업이다 보니 분양권 중도금 대출 자격이 되지 않았다. 양산에 사는 오빠집에 달려갔다. "오빠 분양권 프리미엄 3,500만 원을 벌었어. 하지만 대출 자격이 안 되서 중도금 대출이 안 돼! 명의 좀 빌려줘!" 하지만 평생 자신의 노력으로 사시는 분들이다 보니 그런 위험한 일에는 관여하고 싶지 않다고 거절을 하셨다. 큰언니에게 전화를 걸었다. 하지만 7남매는 세상에 공짜 돈을 바라고 살아가는 사람이 아니다 보니 큰언니도 도움을 주지 못해 미안하다며 거절을 했다. 남동생에게 전화를 했다. '지금 부동산 시장이 어렵고 그냥 모든 것을 포기하라'고 했다.

그때는 가족들이 원망스러웠다. 하지만 1초의 나의 욕심 때문에 돈을 번 3,500만 원과 마이너스 프리미엄으로 내 돈 3,500만 원까지 7,000만 원이라는 돈을 하루 만에 날리게 되었다. 나는 노력으로 번 돈도 잘 관리하지 못해 퇴직금 1억과 내 명의로 된 아파트도 주식투자로 날렸다. 그리고 아파트 분양권도 욕심으로 번 돈도 지키지 못하고 내 돈까지 날려버렸다. 지금의 내 돈을 목숨 걸고 지켜내야 된다는 사실을 또 잊고 산 것이다. 세상에는 공짜 돈이 없다. 욕심이 화를 부른다는 것을 명심해야 한다. 이것이 내가 54년 사는 동안 뼈저리게 느끼고 살아온 인생 실패의 원리와 비법이다.

2019년 9월 21일 교통사고로 6개월 정도를 일을 하지 못해 금전적으로 많이 힘이 들었다. 매월 300만 원의 수입이 날아가버리고 차 사고로 목이 많이 비틀어지고 통증이 심해 한의원 치료를 6개월 정도 받았다. 6개월이 지나도 목에 항상 파스를 붙여야 할 만큼 목이 항상 뻐근하고 개운하지가 않다. 목을 좌우로 돌리기도 힘이 든다. 차 사고 보상금으로 500만 원을 받았지만 중고차 대금 500만 원과 수리비가 100만 원이 더 들어갔다. 6개월 동안 카드로 생활을 하다가 코로나로 카드 한도가 제로가 되었다. 카드를 돌려 막으며 생활을 했는데 코로나로 많은 사람들이 카드값을 내지 못하니 급여가 증명되지 않는 나 같은 사람들도 카드값을 내지 못할까 봐 막아버린 것이다.

2020년 1월 19일 책 쓰기 1일 특강을 시작으로 나는 작가로 1인 창업가로 우뚝 섰다. 이제 내가 살아온 54년의 인생과 36년간의 직장 생활 노하우로 10~40대 젊은이들에게 내가 살아온 성공했던 경험들, 실패했던 경험들을 알려주고 라이프 코칭을 하며 80세까지 네이버 카페 '문수빈행복연구소'를 이끌어갈 것이다. 지금은 금전적으로 고달프고 힘들지만 나는 고등학교 3년 피나는 노력으로 경남은행 15년을 비서실, 검사부, 심사부, 여러 지점을 다닌 저력 있는 사람이다. 주식투자로 실패하여 단돈 만 원도 없이 가난에 허덕이며 살았을 때에도 용기를 잃지 않고 쌍용자동차 영업 3년 동안 아침 8시부터 밤 12시까지 마산, 창원, 진해, 양산, 부산, 김해, 울산 나의 명함과 전단지를 가지고 기업체 사장님께 직접 찾아가 한 달에 5대를 팔 수 있었고 10대도 혼자의 힘으로 출고할 수 있었다. 영업에 자신이 생겨 상가 분양 영업 3년의 노력으로 20억 원 계약을 두 번 해 영업 수수료로 1억 원을 벌 수 있었다.

딸을 대학교를 보내고 미국 유학을 보내겠다는 꿈을 가지고 있었다. 그래서 1년 동안 비가 와도 365일 동안 부산 화명동 골프 연습장에 연습을 한 그 노력으로 이력서를 들고 컨트리에 찾아갔다. 15년 동안 43세를 써 보지를 않으셨다고 경기 과장님께서 많이 고민하셨다. 나는 과장님께 당당히 말씀 드렸다. "저는 경남은행 15년을 다녔고, 비서실에 근무를 하였습니다. 고객 서비스는 자신 있습니다! 한번 기회를 주십시오! 실망시켜드리는 일은 없을 겁니다!" 과장님은 '나이가 많아서, 나이가 많아서…'를 5번 정도 하신 것 같다. 그때 그 옆에 계신 S마스터님은 아무 말씀도 안 하셨다. S마스터님이 'No!'라고 하셨다면 나는 컨트리의 캐디가 될 수 없었을 것이다. 나를 컨트리 캐디로 만들어주신 분은 S마스터님이시다. 내가 1인 창업으로 성공하는 날 꼭 S마스터님께 은혜를 갚고 싶다.

그날 이후 2개월의 캐디 교육을 받았다. 3월 23일 나는 번호를 받아 사

금은보화 금고 열쇠

장님께 인사를 드리고 캐디가 될 수 있었다. 그때 입사할 당시 단돈 만 원도 없었다. 기숙사에 들어와 마트에 장을 보러 갈 때 나는 K에게 3만 원을 빌렸다. 한 달 뒤 3만 원을 갚을 수 있었다. K에게 이 시간을 빌어 감사하는 마음을 전한다.

나는 8년 동안 죽을힘을 다해 일했다. 8년 동안 1년에 딱 5일 엄마 제사 7월 7일을 기준으로 가족들이 모이는 날에 휴가를 냈다. 회사 동생이 내게 말했다. "언니! 언니는 왜 휴가를 안 내요?" 나는 대답 대신 웃기만 했다. 나는 딸을 대학 공부를 시키고 미국 유학을 보내겠다는 꿈을 가지고 있었다. 그래서 8년 동안 2시간 이상 잠을 자지 않고 매일 2번 일해서 10년 동안 5억을 벌어 딸을 대학 공부시키고 미국 유학을 보낼 수 있었다. 12년 전 면접을 보신 H과장님과 S마스터님은 퇴사하셨다. 12년 동안 나와 딸을 먹여 살려주시고, 딸을 대학 공부시켜주시고 미국 유학을 보내주신 은인이다. 그리고 이제 올해 나는 이 컨트리를 퇴사한다. 아직도 캐디 일을 사랑하고 퇴사하기 싫은 것이 나의 솔직한 심정이다.

나는 네이버 카페 '문수빈행복연구소'로 젊은이들에게 꿈과 내일의 야망을 심어주고 싶다. 가난을 탈출시켜주고 싶고 화려한 내일의 주인공으로 인생을 바꿔주고 싶다. 이제 나는 작가가 되어 책을 6권을 출판할 계획이며 2권을 집필하고 있다. 부족한 글이지만 가난한 사람도 내일을 꿈꿀 수 있고 자신의 꿈에 도전할 수 있다는 것을 몸소 보여주기 위해 책을 쓰고 있다.

나는 작가가 되었다! 메신저가 되었다! 강연가가 되었다! 1인 창업가가 되었다! 기적이 되었다!

금은보화 금고 열쇠

나는 착한 사람이 아니라 모자란 사람이었다

짧고 명쾌하게 하는 명령이 가장 효과적이다.
성경에 기록된 가장 위대한 명령은 간단한 말 속에 있다.
"빛이 있으라."
─ 『기적수업』, 〈한책협〉 김도사

하루 종일 돈 문제로 머리가 아프다. 다음주 토요일 〈한책협〉에 권마담 대표님 수업 과정 유튜브 과정에 등록을 했다. 하지만 이번달 카드 대금과 기타 보험료, 임대료, 할부금들을 생각하니 엄두가 나지 않는다. 2달이 걸려도 돈을 모아서 수업을 받아야 될 것 같아 〈한책협〉 정소장님께 전화를 드렸다. 돈이 준비가 안 돼서 다음 달 권마담 대표님 수업 때 참석하겠다고 말씀드렸다. 이제는 캐디 일로 돈을 버는 것은 마음을 정리해야 한다. 이제는 1인 창업으로 80세까지 살아가야 된다. 처음에는 어려울 수 있다. 하지만 견뎌내다 보면 어차피 내가 가야 할 길이고, 내가 겪어내야 할 상황이다. 처음부터 잘할 수는 없다. 차차 조금씩 나아지는 것이다. 누구나가 그러했다. 첫술에 배부를 수 없고 익숙해지는 데는 시간이 필요하다.

쌍용자동차 영업을 3년쯤 하고 있을 때였다. 같이 근무했던 직원이 찾아왔다. 자신의 통장을 보여주며 월 천만 원을 벌고 있다는 것이다. 통장을 보니 매달 천만 원이 들어와 있었다. 나는 혹하여 물어봤다. AIG보험 회사를 다니는데 수당으로 월 천만 원을 받는다는 것이다. 나는 바로 쌍용차에 사표를 썼다. 그리고 보험 하는 사람은 남에게 보여주는 차도 좋아야 한다는 말에 2,400만 원하는 코란도밴을 할부로 차를 샀다. 처음에는 의욕에 차 있었다. 나도 영업을 3년 해보았으니 자신감도 좀 있었다. 연말에 회식을 하였다. 행운권 추첨이 있었는데 식기 세척기가 당첨이 되었다. 나는 감사하는 마음에 나를 AIG로 데려와준 그 직원에게 식기세척기를 선물했다. 지금 생각하니 후회가 된다. 6개월 동안 아침 8시부터 밤 11시까지 보험 영업을 했다. 하지만 보험이란 지인들이 거의 보험을 하고 있어서 신규 개척으로 보험을 계약 시킨다는 것은 하늘에 별 따기였다. 가족 외에 보험을 가입하지 못했다. 6개월 동안 노력했지만 계약으로 연결되지는 못했다.

생활이 어려워 결혼 패물을 헐값에 팔아야 했고 50만 원 주고 산 카메라를 3만 원에, 180만 원 주고 산 노트북을 23만 원에 팔아야만 했다.

2,400만 원 주고 산 코란도 밴을 비닐도 안 뜯은 차인데 1,500만 원에 중고차로 내다 팔아야 했다. 나는 착한 사람이 아니라 아주 많이 모자란 사람이었다. 내가 살아오면서 넘지 못한 산은 보험과 영어다. 그것은 노력해도 결과를 내지 못했다. 사람에게는 자기 나름의 특기와 재능이 있는 것이다. 남이 돈을 많이 벌었다고 해서 꼭 내가 돈을 잘 벌 것이라는 보장은 없다. 나 역시도 남들처럼 월 천만 원을 벌 것이라는 것은 착각이었다. 내게 맞는 일은 따로 있는 것이다.

경남은행을 퇴사하기 전 상사인 K대리가 천만 원이 급히 필요하다고 부탁을 했다. 같은 은행원이고 또 부득이한 경우에는 퇴직금이 있어 돈을 떼일 염려는 없다고 생각을 했다. 그래서 1주일 후에 돌려준다는 조건으로 천만 원 대출을 받아 K대리에게 빌려주었다. 그는 1주일이 지나도 돌려주지 않았다. 며칠이 지나자 출근도 하지 않았다. 알고 보니 여러 직원들에게 돈을 빌려가고 퇴직금에 압류가 붙어 내게 돌아올 돈도 없다고 했다. 참 황당했다.

다행히 3년 후 그가 AIG 직원이 되어 연봉 1억을 번다는 이야기를 들었다. AIG 본사에 K의 급여에 압류를 걸어 천만 원을 받아냈다. 경남은행 직원들의 도움으로 그는 고수당자가 되어 있었다. 하지만 그에게 미안하다는 말 한마디도 듣지 못했다. 그는 예의가 없는 사람이었다. 나는 돈에 대해 착한 사람처럼 보이려 했다. 돈은 그런 것이 아니라 목숨을 걸고 지켜내야 한다는 것을 깨닫지 못하고 있었다.

컨트리 캐디로 12년을 다니면서 나는 로스 볼을 한 포대씩 사서 고객이 친 볼이 OB가 나면 내가 산 볼을 드렸다. 그리고 OB가 나면 내가 더 안타까워 하나 더 쳐보라고 말씀을 드렸다. 하지만 그것이 꼭 일을 잘하는 것은 아니라는 생각이 들었다. 하지만 난 12년을 그렇게 했다. 고객님들에게 깨끗한 볼을 차에 넣어드리기도 하고 제철에 짠 더덕즙, 포도즙, 대추즙을 고객님 차에 넣어 드렸다. 착하게 보이려고 그런 것은 아니었지만 그렇다고 꼭 잘했다는 생각은 들지 않는다. 친절도 과하면 아니한만 못한 법이다. 나는 고객님이 버디를 하면 4분에게 버디 선물을 다 드렸다. 하지만 나의 행동은 착하게만 보이려고 하는 모자란 사람의 행동이었다. 감사하는 마음이 컸지만 직원들에게 피해를 주는 과한 행동이었다는 생각이 든다.

나는 나에게 일을 주는 동생에게 명절이 되면 귤 한 박스씩 주었다. 일하면서 필요한 바디 용품과 사탕과 커피를 사주기도 했다. 감사함의 표시였다. 하지만 지금 이렇게 어렵다 보니 단돈 만 원이라도 아껴써야 했던 것인데 그런 부분이 많이 모자랐다. 돈은 젊을 때 잘 버는 것이다. 하루하루 나이가 먹어감에 체력이 달리고 비가 오기라도 하면 온몸이 축 처지면서 기운이 없다. 이제 나이가 55세가 되었다. 2번의 교통사고 후유증으로 더 기운이 없어진 탓이기도 하다. 이제 컨트리 캐디로 돈 벌 체력이 아니다. 1인 창업으로 80세까지 살아가야 한다.

파릇파릇하고 푹신푹신한 잔디를 밟았다. 라운딩 중에 뒤에서 친 볼이 그린에 올라왔다. 퍼트를 하고 있던 사모님들이 많이 놀라셨다. 뒤에 캐디가 와서 정중히 사과를 했는데도 마음이 누그러지지 않으신다. 사람마다 상황에 대처하는 방법이 다르다. 볼이 비켜가면 그것으로 조용히 넘어가는 고객님이 대부분이다. 오늘은 조금 힘든 고객과 만났다는 느낌이 든다. 깐깐한 사람은 일하기가 힘이 들 때가 있다.

밖에 폭우가 쏟아지고 있다. 같은 동기 작가분께서 비오는 날 시를 적어 보내주셨다. 서울에도 비가 오는 모양이다. 지방에는 지금 막 폭우가 내린다. 직원들의 업무가 끝나고 내리는 폭우라 다행이라는 생각이 든다. 3년 전에 비오는 날 월요일이 도서관이 쉬는 날인데 버릇처럼 도서관을 찾아간 적이 있다. 도서관 앞에서 음악을 틀어놓고 몸을 좌우로 흔들며 남편을 생각하며 찍은 유튜브 영상이 기억이 난다. 나는 비를 사랑하는 여자였다.

고등학교 3년 동안 짝사랑하던 B와 비오는 날 전화 부스에서 만나자고 약속을 했었다. 한 달쯤 지나 비가 왔다. 내가 예쁘게 차려 입고 약속

한 공중전화 부스에 기다리고 있으니 B가 내게로 다가왔다. 꿈만 같았다. 우리는 손도 잡지 않고 진해 전도관 옆 철길을 걸었다. 그게 내 첫사랑 러브스토리 전부다. 그 아련한 추억으로 나는 고등학교 야간 3년 생활을 버텨냈다. 비가 오는 날 그가 보고 싶어 공중전화 요금이 30원 하던 그때 나는 10원짜리 동전을 500원어치 바꿔 공중전화부에 B집일 것 같은 이름의 전화번호를 하루 종일 돌린 적이 있다. "B집입니까?"를 입에 단내가 나도록 말했다. 하지만 그날 통화하지 못했다. 그가 그리운 날엔 일요일에 그의 아파트가 보이는 공원에 아침 8시부터 올라가 밤 11시가 되어 집으로 돌아온 적이 있다. 그때 눈물을 줄줄 흘리며 슬픈 노래를 부르기도 하고, A. J. 크로니의 『성채』를 읽었다. 그 책은 35년이 지나도 나의 책상 앞에 놓여 있다. 나는 송골매의 「어쩌다 마주친 그대」 노래를 들을 때마다 가슴에 통증을 느낀다. 고등학교 시절 짝사랑의 통증이 얼마나 컸는가를 보여주는 노래다.

어느 날 B가 우리 집에 생애 최초로 전화를 했다. "안녕하십니까? 경남은행 부림동 지점 문수빈입니다!" 나는 그에게서 걸려온 전화를 이렇게 받았다. "나 B야! 잘 지내니?" 그가 전화를 한 것이다. 벚꽃이 피는 봄날에 하얀 원피스를 입고 출근하는 나의 모습을 봤다고 했다. 20살이니 얼마나 예뻤겠는가? 또 얼마나 화려한 청춘인가? 그날은 잠을 못 잤다. 그것이 우리의 인연의 끝이다. 그의 모습은 초등학교 동창 밴드에 가끔 올

금은보화 금고 열쇠

라와 있다. 진해에서 낚시점을 하고 있다. 그 사람을 보면 아직도 떨릴까? 언젠가 초등학교 동창 모임에 한번은 가게 될 것이고 한번은 부딪치게 될 것이다. 우리는 이제 소년, 소녀가 아닌 55세 중년이 되었다. 그 사람으로 인해 나는 고등학교 야간 3년을 외롭지 않게 보냈다. 추위도 더위도 어둠도 피곤함도 짝사랑의 묘약으로 다 이겨낼 수 있었다. 그에게 감사하는 마음을 전한다.

3년 전에 심수봉 선생님이 양산에 공연을 오셨다. 나는 심수봉 선생님의 「그때 그 사람」 노래를 좋아한다. 곱게 나이 드신 심수봉 선생님이 많이 반가웠다. 아름다운 목소리가 애절하게 들렸다. 비 오는 날에는 「그때 그 사람」 노래를 절로 흥얼거리게 된다.

자신이 피땀 흘리지 않은 노력의 돈은
잠시 자기가 보관할 뿐, 진정한 자기 돈이 될 수 없다

KEYS TO THE TREASURE BOX

2장

가장 심장 떨리는 삶을
살아가는 것

나를 뛰어넘는다는 것

나와 신은 하나다. 신은 내가 원하는 것에 대해 알고 있다.
물론 그것이 실현 되리라는 것 또한 알고 있다.
－『기적수업』,〈한책협〉김도사

 4년 전 K강사님의 유튜브를 보면서 강사의 꿈을 키워 나갔다. 딸을 대학 공부를 다 시켰고 이제는 내가 살고 싶은 내 심장이 떨리는 삶을 살아가고 싶었다. 12년 동안 단지 딸을 대학 공부를 시키고 미국 유학을 보내야 한다는 일념으로 앞만 보고 달려왔다. 아무것도 생각하지 않았다. 아무것도 고민하지 않았다. 그냥 달리기만 했다. 딸이 대학을 졸업하고 DHL 합격을 뒤로 한 채 중국 풀만 호텔에 인턴으로 비행기를 타고 떠났다. 5개월 후 인턴 생활을 무사히 마치고 한국으로 돌아왔다. 그때는 미국 유학을 다녀온 직후라 나도 딸도 외국에 대한 환상이 많았다. 그래서 외항사 승무원이 되기를 1년 동안 염원하며 학원도 다니고 승무원 면접도 꾸준히 보았다. 싱가포르 항공은 꼭 합격할 수 있겠다는 자신감이 있었다. 하지만 합격의 문턱은 턱없이 높았다. 키 크고 영어 잘하고 예쁘고 무엇 하나 부족한 것이 없었지만 딸은 체력이 많이 약했다. 내가 어릴 때부터 많이 굶겨 체력이 강한 편은 아니다. 대구와 서면에 있는 승무원 학원에 다녔지만 딸에게는 기회가 주어지지 않았다. 휴가를 내서 미장원에도 같이 따라가고, 면접이 끝날 때까지 기다려주었다. 승무원이 아닌 호텔리어로 살아가라는 계시인지도 모른다. 하지만 지금에 와서 생각해보니 승무원보다는 아플 때 병원도 갈 수 있고 지상에 안전하게 사는 것이 딸에게도 다행이라는 생각이 든다.

사람에게는 자기에게 맞는 직업이 있다. 아무리 내가 애쓴다고 이루고 싶다고 해도 그것이 내 것이 아니면 이루어지지 않는다. 사랑도 마찬가지다. 아무리 사랑해도 하늘이 맺어주지 않으면 인연이 되지 않듯이 세상에는 내 것과 내 것이 아닌 것이 존재하는 것이다. 억지로 소유한다고 해서 내 것이 되는 게 아닌 것이다. 마음이 아파도 포기할 수 있는 것은 포기하는 것이 삶의 지혜다.

'이제 내가 하고 싶은 것이 뭐지? 내가 앞으로 80세까지 살아가야 하는 방향이 뭐지?'를 생각하게 되었다. 그 생각이 드는 순간 핸드폰으로 전화를 돌렸다. 강사 학원을 114에 물어보았다. 부산 리드학원을 안내를 받았

금은보화 금고 열쇠

다. 전화를 걸어 위치와 교육 일정 그리고 학원비를 물어보고 그날 송금해 주었다. 회사에 한 달간 휴가를 냈다. 매주 월요일부터 금요일까지 한 달 동안 수업을 받았다. 단 하루도 빠지지 않았다. 그래서 한 달 뒤 필기시험과 강연 실습을 통해 성희롱 예방 교육 강사, 법정 의무 교육 강사, C.S. 강사, 컬러 진단 강사 자격증 4개를 취득했다.

강사 자격증 4개를 취득했지만 강사로서 자질이 부족하여 부산 서면 정보영 스피치 학원에 8개월간 다녔다. 매주 월요일, 화요일 휴가를 내서 수업을 받았다. 수업이 끝나면 박코치 영어 학원에 다녔다. 세계일주가 버킷리스트라 영어 공부를 해야 했다. 4개월 후 혼자 캐나다 여행을 10일간 다녀왔다.

군청에서 전화가 왔다. 성희롱 예방 강의 섭외가 들어온 것이다. 하지만 역량이 부족해 다른 강사에게 양보했다. 자격증을 취득한 지 일주일도 안 되어 섭외가 들어 온 것이다. 하지만 지금 생각하면 그 강의를 안 한 것이 다행이라는 생각이 든다. 만약에 군청에 성희롱 예방 강의를 했다면 나는 영원히 성희롱 강사로 남아 있었을지도 모른다. 지금 생각하면 강의를 안 해서 오히려 작가, 강연가, 1인 창업가의 길로 가게 되었는지도 모른다.

나는 소녀 가장들에게 꿈과 희망을 심어주는 강사가 되고 싶었다. 그래서 처음 강사 자격증을 따고 양산에서 부산 서면 정보영 스피치 학원을 가기 위해 지하철을 타면 서서 강연을 했다. "세상에 공짜 돈은 없습니다!"라며 나의 주식투자 실패로 20년의 세월을 고생한 이야기를 들려드렸다. 50대 남성분이 물개 박수를 쳐주기도 하고 나이 많은 엄마들은 눈물을 흘리기도 하셨다. 아이들을 키우는 엄마다 보니 딸 생각이 나셨나 보다. 그분들의 응원이 있었기에 내가 이만큼 용기 내서 살아가는 것인지도 모른다. 정보영 스피치 학원과 영어학원 수업이 끝나면 부산 시민공원으로 강연을 갔다. 어머니들이 많이 응원해주셨다. 어머니들의 인생 이야기도 들을 수 있었다. 남편 없이 아이들을 키우고 환자 병수발로 돈을 벌어 대학 공부를 시키고 부산 아파트를 소유하고 계신 분이 많았다. 누구나 힘들게 살아왔고 견뎌냈다는 것을 알게 되었다. 나의 고통은 그분들에 비하면 아무것도 아니라는 것도 알게 되었다.

나는 훌륭한 강사가 되고 싶었다. 그래서 3부제를 하면 저녁 7시 막팀을 했다. 1부에 동생들의 일을 받아서 새벽 4시에 출근해서 오후 1시에 일을 마치면 밥을 먹고, 노인정에 20곳에 과일과 음료수를 사서 찾아가 강연을 했다. 논에 일하시고 계신 엄마 아버지께 음료수를 사서 들고가 강연을 했다. 길에서 잔디를 심고 계시는 엄마 아버지께 아이스크림을 사 들고 가서 강연을 했다. 비가 와도 새벽 6시에 부산 시민공원에 가서 운동하고 계신 엄마 아버지 앞에서 강연을 했다. 이 모든 나의 행동들

금은보화 금고 열쇠

은 내가 심장이 떨리지 않았다면 할 수 없는 일이었을 것이다. 나는 대한민국 최고의 강사 K강사님처럼 강한 메시지를 전달하는 강사가 되고 싶었다. 나는 36년간의 직장 생활을 했고 54년의 인생을 살아냈다. 그동안 내가 주식투자 실패로 20년을 가난 속에서 허덕이며 살아왔던 인생의 뼈 아픈 경험을 젊은이들에게 얘기하고 싶었다. 그래서 나와 똑같은 전철을 밟게 하고 싶지 않았다.

'세상에는 공짜 돈이 없다! 욕심은 화를 부르고, 지금 내가 가지고 있는 귀한 돈을 목숨 걸고 지켜야 한다!'라는 것이 54년 동안 절실하게 느꼈던 내 인생 원리와 비법이다. 이것만 지킨다면 20년의 세월을 허비하지 않고 귀하게 자신이 가장 심장 떨리고 갈망하는 인생을 살아가게 될 것이다. 인생은 100세 시대라 하지만 80세를 넘기기가 어렵다. 건강 관리를 잘해서 80세까지 건강하게 살아간다면 축복 받은 삶이라 해도 과언은 아닐 것이다.

나는 〈한책협〉 김도사님을 만나 책을 써서 『나의 행복을 절대 남에게 맡기지 마라』를 미다스북스와 계약하여 책을 출판하였다. 2권 『금은보화 금고 열쇠』를 출판하였고, 3권 『야간 고등학생 경남은행 15년차 비서실 입성기』, 4권 『쌍용자동차 10대 팔아봤다!』, 5권 『상가 분양으로 1억 벌었다!』, 6권 『고객서비스 나만큼 해봤니?』를 차례로 출판할 계획이다. 나의 책이 소녀 가장을 비롯한 10~40대 젊은이들에게 아무것도 가진 것이 없어도 도전할 수 있고 내일을 꿈꿀 수 있고 한 번뿐인 인생 내 심장이 떨리는 인생을 살아가야 한다는 것을 알려주고 싶다. 우리는 상상의 힘으로 내 생각이 현실이 된다는 것을 깨달아야 한다. 나의 한계를 뛰어넘어 단 한 번뿐인 인생을 멋지게 천국처럼 살다가 가야 한다고 스스로 다짐해야 한다. 없음을 있음으로 인식하고 책을 써서 1인 창업으로 내가 살아온 인생의 값진 원리와 비법을 젊은이들에게 알려줄 것이다. 우선 살아내는 것이 중요하다. 한 가지 일에만 온힘을 다 쏟는 것도 중요하지만 자신이 심장 떨리는 일을 알기 위해서는 여러 가지 일을 해보아서 적성에 맞고 원하는 일이었음을 깊이 깨닫는 계기가 있어야 한다. 그래서 80세까지 자신의 천직을 깨닫고 사명감을 가지고 살아가야 하는 것이다.

나는 교통사고를 3번 겪으면서 내가 무엇을 하며 80세까지 살아가야 하는지를 깨닫게 되었다. 나는 하나님으로부터 3번, 아니 4번의 황금 티켓을 받았다. 내가 이렇게 살아 있는 것은 엄마, 아버지의 도움도 있겠지만 나는 54년을 살면서 나를 위한 인생은 살지 않았다. 항상 누군가를 도와주기를 원했고, 또 실제로 누군가를 도우며 살아왔다. 나는 형편이 어려워도 전화 요금으로 유니세프로 소녀 가장들을 도와왔다. 왜냐하면 나의 조그마한 노력들이 그들에게는 목숨이 왔다 갔다 하고 소녀 가장들에게는 피가 되고 살이 된다는 것을 알기 때문이다. 3일씩 배를 곯기도 했고, 6개월 동안 라면 한 봉지로 하루 한 끼만 먹고산 적도 많다. 전기 수도가 수도 없이 끊겨보았고, 전기장판도 없이 겨울을 견뎌내었기 때문에 배고픔과 추위의 설움을 누구보다 잘 알기에 내가 조금 여유가 있다 싶으면 동사무소에 소녀 가장들에게 십만 원씩, 이십만 원씩 기부를 했다. 그리고 지하철에 나이 많은 엄마, 아버지를 보면 맛있는 것 사드시라고 말씀드리고, 만 원씩 나눠드리고 오기도 했다. 고마운 직원들에게 과일을 사주기는 해도 내가 먹지는 못했다. 그만큼 나는 나를 챙기지 않고 남에게 베풀며 살아왔다. 그래서 내가 아직 세상에 살아 있는 것인지도 모른다.

내가 가장 심장 떨리는 삶

모든 것이 변했다. 모든 것이 바뀐다. 그런데 당신은 왜 그대로인가?
당신이 체험하는 모든 사건의 목적은 기회를 창조하는 데 있다.
기회를 창조하기 위함이지 그 이상도, 그 이하도 아니다.
— 『기적수업』, 〈한책협〉 김도사

10일씩, 5일씩, 3일씩 잠을 자지 않고 일했다. 2020년 1월과 2월엔 돈을 모아 혼자 미국과 프랑스를 여행할 계획이었다. 나는 영화배우 K씨의 갑자기 일어난 교통사고 죽음으로 인해 인생관이 바뀌었다. 그동안은 딸 대학 공부시키기 위해 아등바등 살아왔었다. 근 8년 동안 1년에 딱 5일만 엄마 제사에 맞춰 가족들 모이는 날에 휴가를 내고 매일 2시간 이상 자지 않고 두 번 일을 하는 투 타임을 했다. 일어나지 못할까 봐 눕지 않고 일을 마치면 화장을 지우고 다시 화장을 하고 앉아 있다가 출근을 했다. 너무 피곤하면 회사 앞 정문 가로등 밑에 차를 세워두고 잠시 눈을 감았다가 날이 밝으면 출근을 했다.

계속 잠을 자지 않고 일을 하니 양쪽 신장 콩팥이 통증이 심했다. 원래 과로로 신장이 안 좋아서 화장실을 수시로 가는 편이다. 일을 할 때는 억지로 참아야 하니 더 신장이 나빠진 것 같다. 보름을 잠을 자지 않고 일하니 더 이상 신장 통증으로 일을 할 수 없어 3일을 휴가를 냈다. 병원에 가서 치료도 받고 좀 쉬어야겠다고 생각을 했다. 비가 많이 왔다. 비가 조금 그치면 집으로 내려 갈 생각이었다. 좀처럼 비가 그칠 기미가 보이지 않았다. 며칠 전부터 아니 6개월 전부터 44라는 숫자가 자꾸 눈에 밟혔다. 중국에 있는 여동생에게 말을 했다. "계속 44라는 숫자가 눈에 들어와! 지나가는 차들도 44가 많고, 시계를 봐도 계속 44분이야! 무슨 일이 있을 건가 봐! 조심해야겠다." 나는 엄마를 닮아 꿈을 잘 꾼다. 안 좋은 일이 있다거나 돈 들어올 일이 있으면 꼭 선몽을 해준다. 부산에 사시는 외할머니는 신이 왔어도 신 내림을 받지는 않았지만 집에 물과 쌀을 항상 항아리에 넣어 두고 절을 하시는 것을 보았다. 그래서인지 나도 8남매도 꿈이 맞는 편이 많다.

비가 계속 내려 더 이상 기다릴 수 없어 양산으로 차를 몰았다. 집으로 가는 도중 갑자기 타이어 펑크가 났다. 나의 예감은 빗나간 적이 없다. H해상에 전화를 해서 기사님을 불렀다. 20분쯤 후 기사님이 도착했다. 비가 많이 내려 기사님을 우산으로 받쳐주어야 했다. 타이어 가는 데 시간이 좀 많이 걸렸다. 목감기가 올 것 같다. 나는 목이 좀 약한 편이라 비가 오면 목감기가 바로 온다. 30분이 지나 타이어를 교체했다. 교체 후 기사님께서 내게 말했다. "자형 상갓집에 갔다 오는 길이라 늦어 죄송합니다!" 나는 머리를 한 대 얻어맞은 기분이 들었다. 나는 상갓집과 관련이되면 꼭 교통사고가 난다. 그래서 수고했다고 말씀드리고 차비 하시라고 3만 원을 드렸다.

4년 전 큰언니 형부가 갑자기 지병으로 돌아가셔서 상갓집에 갔다가 집으로 돌아오는 길에 교통사고가 있었다. 2차선으로 달리다가 1차선으로 들어가는데 뒤에서 달려오는 차를 보지 못해 사고가 난 것이다. 두 사람 다 다치지 않고 차만 수리비가 내차는 400만 원, 상대방 차는 150만 원이 나왔다. 두 사람 다 무사해서 정말 다행이었다. 기분이 좋지 않았다. 나는 상갓집에 가지 말라는 것이 항상 엄마가 당부하신 말씀 중에 한 말씀이다. 그 기억을 떠올리며 오늘도 무사히 지나가기만을 마음으로 빌었다.

비는 그칠 줄 몰랐다. 고속도로를 가던 중 60대 부부가 내 차를 받았다. 내 차는 고속도로에서 가드라인을 들이박고 3바퀴 정도를 구르다가 내팽겨쳐졌다. 2019년 9월 21일 밤 10시 30분, 그때 나는 이런 생각을 했다. '이렇게 죽는구나!' 그리고 죽을힘을 다해 핸들을 잡았다. "엄마! 아버지! 저 좀 살려주세요! 나 아직 내가 살고 싶은 인생을 안 살아봤단 말이야! 제발! 딸이 아직 결혼도 안 했어! 엄마! 아버지! 살려주세요!" 나는 의식을 잃은 채 병원 응급실로 119에 실려갔다. 그리고 내 차는 내 대신 생명을 잃고 폐차되었다.

병원에서 한 달간 입원하여 의식을 되찾고, 비틀어진 목을 교정하고 만신창이가 된 몸을 치료했다. 사고를 낸 중년 남자는 미안하다는 말 대신 "차가 미끌리는데 어떡합니까?"라고 했다. 나 대신 코란도 88버 1875는 폐차되었다. 폐차하는 날 양산 쌍용차 A/S센터에 가서 막걸리를 한 병 사서 바퀴에 뿌려주었다. 5년 동안 나를 위해 지켜주고 일해준 친구 같은 차다. 나를 돈을 벌 수 있게 새벽마다 밤늦게까지 기다려준 고마운 차다. 친구를 하늘에 보내는 심정으로 차를 어루만져주었다. "고맙다! 잘 가!" 그렇게 정든 코란도와 이별을 했다.

교통사고 보상금은 얼마 되지 않았다. 차 보상금 250만 원과 한 달 수입 300만 원을 받았다. 그것으로 중고차 코란도를 사니 아무것도 남는 것이 없었다. 6개월 동안 비틀어진 목을 추나로 교정을 하고 통증을 레이저로 치료하러 한의원에 다녀야만 했다. 만신창이가 된 온몸을 부황과 침으로 교통사고 후유증을 치료해야 했다. 나는 그 60대 중년 남자로 인해 6개월 동안 벌어야 하는 돈 1,800만 원과 생활비를 카드로 생활하는 사람으로 전락해버렸다.

코로나로 카드 한도가 막혀 숨이 턱턱 막히게 되었다. 힘든 하루 하루를 보내고 있던 중 우연히 유튜브에 김도사님 영상을 보게 되었다. 1일 책 쓰기 특강을 한다는 것이다. 나는 K강사님 유튜브를 보고 자서전을 한 권씩 써서 가지고 있으라는 말씀을 듣고 자서전을 써서 가지고 있었고, 또 유튜브에도 몇 장 올리고 있었다. 내 마음을 하늘이 알았을까? 김도사님의 유튜브를 보게 되어 떨리는 마음으로 네이버 카페 〈한책협〉에 가입을 하고, 2020년 1월 19일 비행기 표를 끊어 분당에 있는 〈한책협〉에 가서 그토록 만나고 싶은 김도사님을 만나 1일 책 쓰기 특강을 듣고 6주 과정을 돈도 없으면서 김도사님께 부탁을 드려 나중에 송금해드리는 조건으로 수업을 받을 수 있었다. 그리고 책 쓰기 6주 과정을 마치고, 책을 한 달이 조금 지나 초고 원고를 완성하고 미다스북스와 출판 계약을 맺어 8월에 책이 출판되었다. 그리고 〈한책협〉에 1인 창업 과정 수업을 들어 네이버 카페 '문수빈행복연구소'를 오픈하여 10~40대 젊은이들에게 '내일 당장 죽는다면 지금 무엇을 할 것인가? 내가 가장 심장 떨리는 인생은 무엇인가?'를 깨닫게 해주는 메신저, 동기부여가, 라이프 코칭가, 강연가가 되어 심장 떨리는 나의 천직, 나의 사명을 깨닫고 빛나는 미래를 위해 하루하루 희망차게 살아가고 있다. 누구나 인생의 고통은 크다. 자신이 감당하지 못할 만큼의 인생의 무게로 하루하루를 버텨내고 있다. 하지만 그것은 하나님께서 우리를 나를 크게 쓰시고자 테스트를 하고 있다는 것을 54년 인생을 살면서 알게 되었고, 36년의 직장 생활을 마감하는 이 시점에 알게 되었다. 나는 누구보다 큰 꿈과 야망을 가지고 있다. 나는 은행을 세워 열심히 일하고자 하는 사람들을 도울 것이며, 골프장을 세워 100세까지 열심히 살아가는 사람들과 건강하게 운동을 할 것이고 크루즈 멤버십으로 가슴 뛰는 세계 일주를 할 것이며, 열심히 산 우리를 위해 백화점을 지어 자신에게 선물하는 장을 마련할 것이다. 나의 상상의 힘을 믿는다. 나의 생각이 현실이 됨을 믿는다. 내 살아온 54년의 성공과 실패의 경험, 삶의 원리와 비법을 젊은이들에게 들려주어 나처럼 돈보다 귀한 20년의 세월을 낭비하지 않게 하고 싶다. 인생은 단 한 번뿐이다. 내가 가장 심장 떨리는 인생을 살기에도 인생은 너무 짧다! 젊은이들이여! 세상에는 공짜 돈이 없다! 욕심이 화를 부르고 지금 내가 가지고 있는 돈을 목숨 걸고 지켜내라! 이것만 명심한다면 80도 안 되는 우리의 인생 50%는 성공한 인생으로 살아갈 수 있다. 자신의 인생을 바꾸고 싶은 사람은 연락하기 바란다. 여러분의 천직과 인생을 바꿔줄 수 있다.

〈문수빈 행복연구소〉 문수빈 010-5019-3548

파란만장한 내 인생, 36년의 직장 생활

정답이 없는 인생이다. 정답을 찾기 위해 시간과 에너지를 낭비하지 마라.
나만의 인생을 살아라.
- 『기적수업』, 〈한책협〉 김도사

나는 초등학교, 중학교 시절 반에서 내가 있는지 없는지 모를 정도로 존재감 없는 학생이었다. 초등학교 생활의 기억은 집 위 철길 옆 진해 전도관에 가서 달걀을 얻어먹던 추억들, 초등학교 친구들과 집 앞산에 C어머니께서 과일 가게를 하셔서 챙겨주신 수박, 사과, 배, 포도, 참외를 싸 가지고 가서 송충이가 뚝뚝 떨어지는 소나무 밑에서 옹기종기 모여 앉아 이야기를 하거나 여왕 놀이를 하던 기억이 난다. 공부를 잘하던 K를 짝사랑하며 단지 내가 할 것이라고는 지나가는 K를 지긋이 바라보는 것밖에 한 것이 없었다. 초등학교 친구 중 수경이라는 친구 집이 가장 부자였다. 수경이는 항상 여왕처럼 자신의 똘마니를 하나 곁에 두고 있었다. 그런 습관은 중학생이 되어도 계속되었다. 초등학교 친구 남자 5명, 여자 5명이 경화동에 있는 수경이네 집인 대저택에 놀러가게 되었다. 그때 겨울이었다. 대문 앞에 있는 큰 저수지에 수영을 했던 기억이 난다. 나는 순박하고 조용한 학생이었지만 그때 살얼음이 얼어 있는 저수지에 들어가 수영을 한 기억을 보면 도전하는 피가 내안에 흐르고 있었던 것임에 틀림이 없다.

여름에는 진해시 태백동에서 윗동네 논두렁 개울가에 가서 수영을 했다. 수영을 하면 다리에 피를 빨아 먹는 벌레가 다리에 자주 붙기도 했다. 그래도 개구쟁이처럼 물장구를 치며 초등학교의 아름다운 시간들을 친구들과 보냈다. 다시 돌아오지 못하는 시간이기 때문에 더 소중하고 귀하다. 초등학교 시절 L선생님께서 신발에 묻은 껌을 떼어달라고 하신 기억이 난다. H선생님께서 전체 조회 시간에 서 있는 나를 보시고 기생 이름이라고 말씀하셨던 기억이 나고, 6학년 3반 담임 선생님이 항상 다 먹은 도시락 통을 집에 갖다놓으라고 하신 기억이 되살아난다.

머리가 깨어 나는 6개월 동안 나름대로 열심히 공부하여 마산여상 야간 고등학교에 전교 74등이라는 등수로 입학을 했다. 오빠의 벽돌을 만드는 브로크 사업 실패로 가난한 우리 집이 더욱 빚에 쪼들리게 되었다. 고등학교를 졸업하고 경남은행에 입사하여 26살이 되어 결혼할 때까지 엄마와 나는 빚을 갚기 위해 애썼다. 결혼할 때 결혼 비용이 없어 천만 원을 경남은행 영업부에서 대출을 냈다. 결혼 후 한 달 뒤 남편이 대신 적금을 타서 갚아주었다. 내가 남편을 미워하지 않는 이유가 여기에 있다. 그는 아무런 이유도 묻지 않고 대출금을 갚아주었다. 내가 결혼할 때 오빠는 결혼 축하금으로 백만 원을 준 것이 전부다. 빚을 갚아준 것에 대한 고맙다는 말은 듣지 못했다. 하지만 오빠의 사업 실패가 내 54년의 인생을 작가로, 1인 창업가로 성공한 인생을 살게 한 계기가 되었다. 오빠의 사업 실패가 없었다면 나는 마산여상 야간 고등학교를 가지도 않았을 것이고, 3년 동안 피나는 노력을 해서 경남은행에 입사하지도 못했을 것이다. 학교 선생과 결혼할 수도 없었을 것이고, 예쁜 딸을 낳지도 못했을 것이다. 어쩌면 내 인생을 바꿔준 사람은 우리 오빠라는 생각이 든다. 불행은 7가지 행운과 같이 온다. 불행의 얼굴을 하고 있지만 그것은 행운의 여신이 내게 온 것이다.

우리는 그것을 잘 감지하지 못한다. 하지만 세월이 35년이 지난 이 시점에 생각해보니 불행은 불행이 아니라 내 운명을 바꾸는 행운이었다.

나는 마산여상 야간 고등학교를 다니면서 3년 동안 진해조선소 급사 생활을 했다. 아침 7시에 출근해서 청소를 하고, 고객님이 오시면 차를 드리고, 배 도면을 복사하고 직원들 출근부를 정리하고 서류들을 정리했다. 직원들도 마음이 따뜻하여 3년 동안 가족처럼 잘 돌봐주셨다. 점심

금은보화 금고 열쇠

시간 1시간 동안에는 엄마가 싸주신 도시락 밥을 물에 말아 먹고 50분은 주산 연습을 했다. 3년 동안 그렇게 했으니 두 언니에게 지금 와서야 미안한 생각이 든다. 부기 2급 자격증은 버스 안 진해에서 마산까지 가는 시간에 공부를 해서 취득했고 타자는 일요일 타자 학원에 가서 부족한 부분을 배워 2급 자격증을 취득했다. 진해 탑산 밑 도서관에 일요일에 아침 6시에 맨 처음 문을 열고 제일 마지막에 밤 11시에 도서관 문을 닫고 나왔다. 시간이 없어 공부를 못한다는 말은 핑계라는 것을 알게 되었다. 그렇게 3년 동안 열심히 살아 나는 당당히 반장으로 경남은행에 입사하여 15년 동안 비서실, 검사부, 심사부를 비롯한 여러 지점 생활을 하여 7억이라는 돈을 벌었다. 내 인생 첫 번째 기적을 이룬 것이다.

고등학교 국어 선생을 만나 8년 동안 결혼 생활을 하여 딸을 낳고 행복하게 살았다. 사람이 인연이 아니면 헤어질 수도 있다. 우리는 8년 동안 부부싸움 한 번 해보지 않고 이혼한 부부다. 남편이 어느 날 내게 말했다. "당신이 싫어서가 아니라 살고 싶은 사람이 생겼다. 이혼을 해달라."고 했다. 가족들과 의논해보니 마음이 떠난 사람을 붙들면 뭐하겠냐는 생각이 들었다. 그렇게 이혼 도장을 찍어주었다. 남편은 22년 동안 딸을 단 한 번도 찾지도, 전화 한 번 하지 않았다. 시댁 가족도 우리를 단 한 번도 찾지 않았다. 남편은 자신의 행복을 위해 우리를 떠났다. 하지만 딸은 천륜이다. 아직도 나는 그 사람을 이해하지 못한다. 그들은 잘 살아가고 있다. 하지만 언젠가 이 세상을 떠나는 날 우리를 한 번쯤 생각하지 않을까?

　IMF로 경남은행이 많이 어렵다고 노조 위원장이 시외까지 찾아왔었다. 10년 이상 장기 근속자에게 명예퇴직을 권유하고 있었다. 나는 1초의 망설임도 없이 경남은행을 위해 퇴직금 1억을 받고 15년 동안 잘 다니던 경남은행을 퇴사했다. 그리고 퇴직금 1억과 내 명의로 된 아파트를 밥 한 번 사먹지 않고 경남은행 주식을 거의 다 샀다. 18,000원 하던 주식은 순식간에 곤두박질쳤다. 그리고 나는 주식투자 실패로 신용 불량자가 되어 가난에 허덕이며 20년 세월을 힘들게 살았다.

　딸을 키워야 했기에 죽고 싶은 심정을 억누르며 살아야 했다. 딸과 3일 동안 물로 배를 채우기도 하고 6개월 동안 라면 한 봉지로 하루 한 끼만 먹으며 견뎌냈다. 딸이 초등학교, 중학교 시절 전기 수도가 끊겨 어떻게 숙제를 하고, 준비물을 챙겨 갔는지 나는 알지 못한다. 추운 겨울 전기장판도 없이 우리는 추위와 배고픔을 견뎌내야만 했다. 7남매가 있었지만 나는 가족들에게 도움을 청하지 않았다. 하지만 딸을 굶기는 것보다는 차라리 가족들에게 도움을 청해야 했다는 후회가 남는다. 정신을 차리고 쌍용자동차 영업 3년을 했다. 아침 8시부터 밤 12시까지 기업체에 전단지와 명함을 기업체 사장님께 직접 전해드렸다. 그래서 매월 5대를 파는 영업인이 되었다. 어떨 때는 10대를 팔기도 했다. 영업에 조금 자신이 생겼을 때 양산 신도시 상가 분양 시장에 뛰어들었다. 아침 8시부터 밤 11시 반까지 부산, 양산, 진해, 창원, 마산, 김해 기업체 사장님들께 직접 전단지와 명함을 손에 쥐어드렸다. 그래서 3년 동안 20억을 2번 계약하여 분양 수수료로 1억을 벌 수 있었다. C부사장님을 만날 때는 전화요금을 내지 못해 딸의 핸드폰을 들고 해운대 오피스텔 분양 하는 시장에 새벽 6시에 가서 줄을 서 있는 사람들에게 상가 분양 전단지와 명함을 일일이 전해드렸다. 그곳에서 C부사장님을 만나 부산 덕천동 뉴코아 20억 커피숍을 계약하여 수당으로 5천만 원을 받았다.

딸을 대학 공부를 시키고 미국 유학을 보내겠다는 꿈을 가지고 상가 분양 일을 접고 컨트리에 이력서를 들고 찾아갔다. 면접을 보고 2개월간의 캐디 교육을 받고 43세라는 나이에 캐디가 되어 8년 동안 2시간 이상 잠을 자지 않고 매일 2번 일하는 투 타임을 했다. 비가 와도 동생의 일을 받아 일을 했고, 눈이 와도 18홀을 다 돌았다. 딸을 미국 유학을 보내야 했기에 나는 돈을 벌어야 했다. 그리하여 12년 동안 5억이라는 돈을 벌어 딸을 대학 공부를 시키고 미국 유학을 보낼 수 있었다. 나는 8년 동안 1년에 딱 5일 휴가를 냈다. 엄마 제사 7월 7일에 맞춰 가족들 모일 때 휴가를 냈다. 엄마 제사를 마치면 나는 4일 동안 병원에 입원해서 링겔을 맞았다. 1년 동안의 힘들었던 몸이 긴장이 풀려 나를 무너지게 했다. 4일 동안 몸을 회복하고 또 그렇게 죽도록 일을 했다. 회사 동생이 내게 물었다. "언니는 왜 휴가를 안 써요?" 나는 대답 대신 웃어 넘겼다. 나는 딸을 공부시키기 위해 아플 수도 없는, 아파서도 안 되는 엄마였다.

지금은 딸이 대학을 졸업을 했고, 서울에서 호텔리어로 일하고 있다. 캠퍼스 커플로 만난 남자친구와 8년 동안 아름다운 사랑을 키워가고 있다. 이제 나는 내가 하고 싶은 일을 하고 있다. 강사 자격증을 4개를 취득하였고, 〈한책협〉 김도사님을 만나 작가가 되어 미다스북스와 출판 계약을 하여 2020년 8월에 첫 책이 출판되었다. 네이버 카페 '문수빈행복연구소'를 운영하여 10~40대 젊은이들에게 꿈과 야망을 심어주고 있다. 나는 작가로 1인 창업가로, 강연가로, 메신저, 동기부여가, 라이프 코칭가가 되었다. 사람의 운명은 자신의 노력 여하에 따라 은인을 만나면 인생이 바뀔 수 있다.

상상의 힘, 내 생각이 현실이 된다

공교육은 가난하게 살도록 가르친다.
출근 시간을 지켜라, 맡은 일을 열심히 하라, 상사의 지시에 복종하라.
공교육은 대기업, 공기업을 위한 마인드 스쿨이다.
- 『기적수업』, 〈한책협〉 김도사

　두 번이나 아무 것도 없었다. 마산여상 야간 고등학교를 다닐 때도 나는 아무것도 가진 것이 없었다. 하지만 미래의 꿈을 잃지 않고 3년을 내가 할 수 있는 힘껏 힘을 다해 공부했다. 그래서 입학할 때 전교 74등으로 입학하고 3학년 졸업 시험 때는 좋은 점수를 남기기 위해 열심히 공부해 전교 7등이라는 등수로 졸업할 수 있었다. 그래서 장학생으로 반장으로 경남은행 면접에 당당히 합격해 경남은행 15년 동안 비서실, 심사부, 검사부 등 여러 지점을 근무하고 고등학교 국어 선생을 만나 결혼할 수 있는 인생의 황금기도 맞이했었다. 그리고 사랑하는 딸도 낳았다. 지금 딸은 29살이 되어 서울에서 호텔리어로 일하고 있다.

두 번째의 고통은 33살에 경남은행을 명예퇴직하고 퇴직금 1억과 내 명의로 된 아파트를 주식투자를 해 실패하여 신용불량자가 되어 단돈 만 원이 없어 힘든 가난과 고통 속에 살아야만 했다. 엎친 데 덮친 격으로 남편이 살고 싶은 사람이 생겼다며 이혼을 요구했다. 그래서 더 힘든 시간을 딸과 함께 견뎌내야만 했다. 하지만 딸을 공부시켜야 하고 먹여 살려야 했기에 나는 다시 정신을 차려 쌍용자동차 영업 3년, 상가 분양 영업 3년으로 조금 숨을 돌릴 수 있었고, 부산 화명동 골프 연습장에서 1년 동안 골프 연습한 노력을 가지고 컨트리에 찾아가 면접을 보고 2개월간의 캐디 교육을 받고 캐디가 되어 12년 동안 5억을 벌어 딸을 대학 공부를 시키고 미국 유학을 보낼 수 있었다.

그리고 지금 2번의 교통사고로 인해 6개월을 일하지 못해 신용카드로 생활을 하며 생활고에 시달리며 인생의 3번째 고비를 견뎌내고 있는 중이다. 항상 그러했듯이 나는 나 자신을 믿는다. 나는 딸을 대학 공부를 마치고 내 인생을 살고자 했다. 딸이 이제 29살이 되어 8년 동안 캠퍼스 커플로 아름다운 사랑을 키워가고 있으니 둘이 돈을 모아 결혼도 하고, 집도 산다고 하니 이제 내 노후만 걱정하면 된다. 그래서 부산 해운대에 있는 부산 리드에서 한 달 동안 휴가를 내서 매주 월요일부터 금요일까지 강의를 들어 성희롱 예방 교육 강사, 법정 의무 교육 강사, C.S 강사, 컬러진단 강사 자격증을 취득했다. K강사님처럼 강한 메시지를 전달하는 강사가 되고 싶었다. 나는 지금이 가장 행복한 때가 아닌가 하는 생각이 든다.

2019년 9월 21일 교통사고로 인해 나는 많은 것을 잃었다. 그리고 또 많은 것을 얻었다. 교통사고를 낸 60대 중년 남자로 인해 내 인생이 완전히 다른 인생을 살게 되었다. 나는 6개월 동안 일을 하지 못해 2,000만 원이 넘는 돈을 날리게 되었다. 하지만 그 사람에게 미안하다는 말 한마디도 듣지 못했다. "H해상에서 알아서 해줄 겁니다."라는 말 만 들었다. 처음에는 그 남자분을 원망했었다. 하지만 그 사람으로 인해 나는 몸을 치료하는 동안 유튜브를 보다가 우연히 구세주 김도사님을 만나게 되었다. 1일 책 쓰기 특강을 한다는 것이다. 그 영상을 보고 당장 딸에게 전화해 서울 가는 비행기 표를 끊었다. 2020년 1월 19일 책 쓰기 1일 특강을 듣고 구세주 김도사님과 일대일 면담을 통해 돈이 없는 가운데 책 쓰기 6주 과정을 신청했다. 형편이 어려워 도사님께 부탁을 드려 매달 송금해드리기로 하고 책 쓰기 6주 과정 수업을 들을 수 있었다. 2020년 3월 30일 마지막 수업이 끝났다. 코로나로 매주 월요일 휴가를 내서 화상 수업을 통해 수업을 받았다. 수업이 끝나고 직장 생활과 책 쓰기를 병행하며 한 달이 조금 지나고 2020년 5월 7일 미다스북스와 나의 책이 출판 계약을 맺어 2020년 8월 나의 첫 책이 출판되었다. 교통사고를 낸 그 사람으로 인해 나는 내 인생의 큰 불행을 맞았다고 생각했다. 하지만 내 인생을 그 사람으로 인해 작가로, 1인 창업가로 재탄생되었다. 이것은 상상의 힘이 아니고서는 도저히 이루어지지 않는 기적 같은 일이라고 생각한다. 수업을 들으면서 구세주 김도사님의『기적수업』도서를 구입한 적이 있다. 그 책에 구세주 김도사님은 이런 글귀를 직접 적어주셨다. '문수빈 작가님! 당신이 기적입니다!' 나는 그 책을 매일 안고 잤다. 그 글을 마음에 새기며 힘든 이 현실을 이겨내고자 노력하고 있는 중이다.

돈이 없는 가운데에서도 나는 좀 더 나은 강연가, 1인 창업가, 메신저, 동기부여가, 라이프 코칭가가 되기 위해 신용카드 할부가 되는 한도 내에서 하루 만에 끝내는 1인 창업 과정, 네이버 카페 제작, 카페 활용법, 책 출판 홍보 및 마케팅, 강연 과정, 유튜브 과정 등 필수 교육을 받았다.

나는 이제 더 이상 물러설 곳이 없다. 경제적으로 벼랑 끝에 서 있다. 코로나로 신용카드 한도가 완전히 줄어들어 숨을 쉬지 못할 정도로 압박을 당하고 있다. 자매 회비를 빌려 신용카드 대금을 내고 있다. 이런 어려운 가운데 나의 잘못으로 인해 2020년 4월 7일 교통사고를 냈다. 몸을 어느 정도 회복을 하고 이제 돈을 좀 벌어야 한다는 생각을 했다. 하지만 아직 하나님의 테스트 시간이 끝나지 않은 탓인지 사고가 났다. 고속도로에서 정차하고 있는 차를 미처 발견하지 못했다. 브레이크를 밟았지만 120km을 달리고 있는 내 차를 멈추기에는 역부족이었다. 나는 앞 차, 그

금은보화 금고 열쇠

리고 그 앞 차까지 받게 되었다. 그래서 앞 차는 수리비가 1,500만 원이 나오고, 그 앞 차는 150만 원의 수리비가 나왔다. 다행히 보험으로 처리되니 얼마나 다행인지 모른다. 보험마저 들지 않았다면 나는 이 현실을 감당하지 못했을 것이다. 그래서 나는 항상 없는 사람은 보험을 들어야하는 중요성을 알기에 어려운 가운데 보험은 꼭 넣는 편이다. 사람은 어떤 일을 당할지 모르기 때문이다. 보험은 없는 사람은 꼭 가입해야 할 필수 항목이다. 다행히 두 사람은 다치지 않았다. 목을 조금 다쳤을 뿐 외상은 없었다. 얼마나 다행인가? 전화를 걸어 차를 부수고, 정신적, 금전적으로 피해를 드린 점에 대해 정중히 사과를 드렸다. 다행히 마음 착하신 분을 만나 "괜찮습니다. 그럴 수도 있지요!" 하시며 배려해주셨다. 아직 세상은 살 만하다. 이 지면을 빌려 사고로 피해를 보신 분들에게 감사의 인사를 드린다. "감사합니다! 고맙습니다!"

금전적으로 어려우니 더 어렵게 만드는 것이 현실이다. 하지만 나는 작가가 되었다. 그리고 1인 창업가가 되었다. 나는 야간 고등학교를 다니면서 일요일에는 진해 도서관 옆 성당에 가서 성모 마리아 동상 앞에 서서 두 손을 모아 기도를 올렸다. "가난에서 벗어나게 해주세요!" 그리고 매일 일기장에 썼다. '은행원이 되게 해주세요!' 그 기도가 하늘에 닿았을까? 내 상상이, 내 생각이 현실이 되었다. 그래서 나는 항상 내가 소망하는 바를 종이에 쓰는 버릇이 있다. 자신이 소망하는 바람은 강력한 힘이 있어 하나님과 우주가 내 소망을 듣고 그때부터 분주하게 움직이기 시작한다. 생각이 현실이 되는 순간이 오는 것이다. 하나님은 우리의 소망을 듣고 우리가 알지 못하는 방법으로 우리의 소망을 이루기 위해 일하시는 것이다. 그래서 하나님은 항상 나와 함께 계시고 내 심장 속에 거하시는 성전이라는 것을 깨달아야 한다. 우주를 내 편으로 만들어야 한다. 우리는 모두 공평한 것이다.

내 마음속에 화려한 그림을 그려야 한다. 나의 찬란한 미래의 꿈들을 마음속에 걸게 되면 내 내부가 빛이 나서 외부에 투영되게 되어 있다. 얼굴은 밝게 빛이 나고 마음은 뜨거운 열정으로 불타오른다. 눈동자는 반짝반짝 빛나고 나의 몸 천체는 아우라가 빛이 날 것이다. 나는 상상의 힘으로 나의 금은보화 금고의 황금열쇠를 찾았다. 54년의 인생 노하우로 36년의 직장 생활의 원리와 비법으로 나는 1인 창업가가 되어 80세까지 우뚝 설 것이다. 나는 구세주 김도사님으로 인해 작가로, 강연가, 1인 창업가, 메신저, 동기부여가, 라이프 코칭가가 되어 살아가고 있다. 나는 구세주 김도사님께서 적어 주신대로 기적이 되었다. 상상의 힘으로 현실이 되었다. 생각이 현실이 되어 나타났다. 우리는 모두 기적이다. 단지 그것을 모르고 살아갈 뿐이다.

나는 아무것도 가진 것이 없는 상태에서 책을 쓰고 미다스북스와 출판 계약을 하고 작가가 되었다. 그리고 네이버 카페 '문수빈행복연구소'를 운영하고 있다. 자신의 인생을 바꾸고 싶은 10~40대 젊은이들은 전화를 하기 바란다. 36년간의 직장 생활의 노하우로 여러분의 천직을 알려 줄 수 있다. 54년의 인생 성공한 경험과 실패한 경험을 통해 여러분이 걸어 가고자 하는 인생에 등대가 되어줄 수 있다. 54년 동안 20억을 벌어본 메신저에게 전화하기 바란다. 여러분의 인생을 바꾸어줄 것이다.

05

100억 부자의 생각의 비밀

나와 신은 하나다. 신은 내가 원하는 것에 대해 알고 있다.
물론 그것이 실현되리라는 것 또한 알고 있다.
─『기적수업』,〈한책협〉김도사

생각지도 않은 홀인원을 했다. 캐디피와 합해 43만 원을 받았다. 전에
는 경기과에 30만 원을 식사하시라고 드렸다. 나는 홀인원을 해서 받은
돈을 나 혼자 쓴 적이 없다. 처음 입사하여 홀인원을 해서 받은 돈 50만
원은 직원들을 데리고 횟집에 가서 회를 사주었다. 두 번째 홀인원한 돈
은 경기과 30만 원, 주차실 5만 원, 당번 2만 원, 조장 3만 원을 주고 음
료수 값으로 10만 원을 썼다. 이번에도 주차실 5만 원, 당번 2만 원, 조장
3만 원, 번호 바꿔준 동생 5만 원, 음료수 값 10만 원을 썼다. 이제 내 캐
디 인생 마지막 홀인원이라고 생각하고 더 많이 베풀고 싶었다. 고객님
에게 작은 선물이라도 하고 싶었지만 여유가 되지 않았다. 그래도 마지

막 근무하는 해에 홀인원을 하고 마감하니 마음이 뿌듯하다. 그런데 자꾸 눈물이 쏟아진다. 왜? 그만두기 싫은 걸까? 산재해 있는 빚들 때문일까? 구세주 김도사님의 유튜브에서 없음을 있음으로 생각하고 끝에서 시작하라고 했는데 자꾸 눈물이 쏟아진다. 어쩌란 말인가?

마산여상 야간 고등학교에서 3년을 열심히 공부하여 경남은행에 입사했다. 첫 발령지로 마산 경남은행 부림시장 안 부림동 지점에 발령을 받았다. 3년이 지난 뒤 23살에 심사부로 발령이 났다. 아침 7시부터 새벽 2시까지 일을 했다. 그때 대기업이 부도가 나서 업무가 많았다. 어느 정도 업무 마무리가 되고 난 뒤 갑자기 비서실로 발령이 났다. 그때 내 인생 첫 번째 멘토 K감사님을 만났다. 그분은 서울대학교를 나오신 재원이셨다. 수필가에 감성이 풍부하신 분이셨다. 비서실에 근무하면서 한국 방송통신대학 출석 수업이 있어 매 학기 1주일씩 휴가를 썼다. 지금 생각해도 S감사님께 죄송하고 같이 근무한 비서실 여직원에게 미안하다는 생각이 든다. 좀 더 잘 할 걸 하는 후회가 남는다. 은행을 그만두고 10년 뒤 컨트리에 입사하여 비서실 직원들을 라운딩 나갔었다. 처음에는 마음이 많이 우울했다. 나 자신을 비관했다. 하지만 12년이 지난 뒤 작가가 되고, 강연가가 되고 1인 창업가가 되고 나니 컨트리 12년의 경력이 나를 80세까지 1인 창업가로 일할 수 있는 발판이 되어주었다. 이제는 숨을 이유도 부끄러워할 이유도 없다. 나는 딸을 대학 공부를 다 시켰고 이제는 이렇게 보란 듯이 우뚝 서 있기 때문이다.

　S감사님은 나를 위해 많이 애써주셨다. 몸이 아파 한 달을 휴직을 한 적이 있다. 그러면 다른 곳으로 발령을 내는 것이 당연한 것인데 S감사님은 다시 나를 비서로 일하게 해 주셨다. 고마운 분이시다. 26살이 되어 고등학교 국어 선생과 3번 만나고 결혼을 했다. 창원 도청에서 웨딩촬영을 하고 마산 문화원에서 족두리 쓰고 구식으로 결혼식을 했다. 그때 산 꼭대기까지 사모님과 결혼식에 와주셨다. 내 결혼식이 끝나고 3개월 뒤 엄마는 간암 말기라는 선고를 받고 3개월 뒤 돌아가셨다. S감사님은 진해 먼 곳 누추한 우리 집까지 와 주셨다. 감사하는 마음을 전하지 못했다. 지금 S감사님께 감사한 마음을 전합니다. "S감사님! 은혜 감사합니다! 평생 챙겨주셔서 감사합니다!" 이제 S감사님은 80세를 훌쩍 넘으셨다. 2020년 1월 19일 〈한책협〉 1일 책 쓰기 특강을 받으러 온 날 S감사님께 전화를 드렸다. 서울 분당에 책 쓰기 수업을 받으러 왔다고 말씀드렸다. 그리고 일찍 마치는 대로 저녁 식사를 대접하고 싶다고 말씀을 드렸다. 하지만 책 쓰기 수업에 심취해 사장님과의 약속 시간이 너무 늦어버렸다. S감사님께 전화드려 다음 수업 때 연락드리기로 했다. 그 뒤 코로나로 한 달간 화상으로 수업을 받았다. 코로나가 조금 누그러지면 S감사님께 내 첫 책 『나의 행복을 절대 남에게 맡기지 마라』를 가지고 꼭 찾아뵈러 갈 것이다. 10년 만에 뵙는 것이다. 10년 전 S감사님이 갑상선암

에 걸리셔서 서울에 갔다. 정관장 홍삼을 택배로 보내드리면 될 것을 짧은 생각에 떡을 해가지고 서울에 올라왔다. 여름이라 떡이 상할까 봐 서울역 안 아이스크림 가게에 떡을 맡겼다. 시원하게 보관했다가 사장님께 전해드렸다. 아프신 분을 서울 성당까지 오시라고 하고 식사 대접까지 받았다. 그 무거운 떡을 분당까지 가지고 가시게 했다. 지금 생각해도 죄송하기만 하다. S감사님과의 인연은 30년 인연이다. 부족한 나를 항상 잘한다 칭찬해주시고 챙겨주시고 아껴주시는 분이시다. 하지만 30년이 되도록 나는 S감사님을 챙겨드리지도 은혜를 갚지도 못했다. 나는 S감사님이 돌아가시기 전 맛있는 식사를 대접해드리고 싶고, 같이 라운딩을 해드리고 싶다. 그래서 S감사님이 '허허허' 하고 웃으시는 모습을 보고 싶다. 나로 인해 단 한 번이라도 크게 웃게 해드리고 싶다.

K강사님의 유튜브를 2년 동안 잠 잘 때와 일할 때 말고는 이어폰을 꽂고 살았다. 밤 10시에 일을 마치면 어두컴컴한 공연장에 K강사님의 돈 강의를 틀어 놓고 손짓을 따라 하며 강연 연습을 했다. K강사님처럼 강한 메시지를 전달하는 강사가 되고 싶었다. 딸이 대학 공부를 마치고 나니 이제 마음의 여유가 조금 생겼다. 그래서 한 달 동안 회사에 휴가를 냈다. 매주 월요일부터 금요일까지 부산 해운대 부산 리드에서 수업을 받아 성희롱 예방 강사, 법정 의무 교육, C.S 강사, 컬러 진단 강사 자격증을 취득했다. 한 달 동안 단 하루도 빠지지 않고 수업을 받고, 시험을

치고 실습을 통해 자격증을 취득했다. 좀 더 훌륭한 강사가 되기 위해 부산 서면 정보영 스피치 학원에 8개월 동안 매주 월요일, 화요일 휴가를 내서 수업을 받았다. 그리고 나의 꿈 버킷리스트 세계 일주를 위해 4개월 동안 박코치 영어 학원에 다녀 다음해 1월에 10일 동안 캐나다 여행을 혼자 다녀왔다. 부산 농심호텔에 K강사님이 오셨다. 전날 맛있는 떡을 3박스를 주문하고 다음 날 아침 7시에 2시간 거리에 있는 떡을 찾아와 스텝 분들에게 나눠드렸다. 강연 시작 전 K강사님이 "양산에서 온 문수빈 씨 나오세요!"라고 하셨다. 악수도 하고 포옹도 해주시며 내게 말씀하셨다. "이제 애도 다 키웠으니 하고 싶은 일을 하세요!"라고 말씀해주셨다. 나는 강연이 끝날 때까지 눈물을 줄줄 흘리며 맨 앞줄 가운데 앉아 있었다. K강사님과 악수한 손을 1주일 동안 씻지 않았다. 그해 12월에 해운대 벡스코에 강연을 오셨다. 나는 장미 백 송이로 만든 꽃다발과 난을 가지고 강연 시작하기 전 3시간 전에 첫 번째로 줄을 서서 기다렸다. 그리고 맨 앞줄에 앉아 꽃다발을 전해드렸다. 그 감동은 오래도록 내 가슴에 남아 있다.

앞에서 이야기한 2019년 9월 21일 밤의 사고의 후유증이 남아 있을 때, 유튜브에서 구세주 김도사님을 운명적으로 만나게 되었다. 1일 책 쓰기 특강을 한다는 것이다. 딸에게 전화해서 비행기를 끊어 2020년 1월 19일 책 쓰기 1일 특강을 마치고, 돈이 없어도 김도사님께 부탁을 드려 책 쓰기 6주 과정을 무사히 마치고, 하루 만에 끝내는 1일 창업 과정 수업을 듣고, 네이버 카페 제작을 신청했다. 카페 활용법과 책 출판 홍보 마케팅 수업을 들었고, 강연 수업, 유튜브 과정까지 마친 상태이다. 블로그 과정을 마치면 〈한책협〉의 전 과정을 마친다.

구세주 김도사님을 만나지 않았다면 나는 평범한 50대 주부로 살아갔을 것이다. 가난에 허덕이며 인생을 마감했을 것이다. 나는 내 인생 54년을 다 버렸다. 이제 남은 30년은 새로운 인연과 내 인생의 성장을 함께할 것이다. 상상의 힘은 막강하다. 내 생각이 현실이 됨을 깨닫게 되었다. 구세주 김도사님으로 인해 네빌 고다드를 알게 되었고 내 가슴속이 하나님의 성전임을 알게 되었다. 없음을 있음으로 렌즈를 바꾸고, 다 이루어진 끝에서 시작하게 되었다. 지금 이 고통은 고통이 아니라 고난이다. 하나님께서 준비하신 나의 천직을 위해 담금질을 하고 있는 중이다. 하나님의 테스트 시간인 것이다.

나는 54년을 살아냈다. 이제 성공의 버퍼링 시간만 견디면 된다. 동이 틀 때가 가장 어두운 법이다. 그리고 성공이 가장 가까웠을 때가 가장 죽을 만큼 힘들 때이다. 아직 죽을 만큼 힘들지 않다는 것은 조금 더 시간이 걸린다는 반증이다. 나는 36년간의 직장 생활의 성공한 경험과 실패한 경험을 바탕으로 삶의 원리와 비법을 10~40대에게 네이버 카페 '문수빈행복연구소'를 통해 전달하고 있다. 나는 80세까지 하나님이 주신 나의 천직을 귀하게 생각하며 사명감으로 3번의 황금 티켓을 감사하게 생각하며 30년을 잘 살아낼 것이다. 나는 하나님의 딸로 하나님은 내 심장 속에 계신다. 나는 66년 12월 25일에 태어난 하나님의 도구다.

06

야간 고등학교 열등감이 성공의 열쇠가 되었다

교육을 많이 받은 사람들이 더 부정적이고 현실적인 이유는
고용 사회가 안정적이고 편안한 곳이라는 말에 세뇌되었기 때문이다.
― 『기적수업』, 〈한책협〉 김도사

마산여상 야간 고등학교를 졸업하고 경남은행에 입사했다. 입행과 동시에 한국방송통신대학 가정학과에 입학했다. 6년 동안 1학기, 2학기 출석 수업을 5일 동안 마산 학습관, 창원대학교, 진주 학습관에서 수업을 받았다. 창원 대학교에서 출석 수업을 받을 때 나는 이런 생각을 했다. 그날 비가 왔다. 앞치마를 만들면서 나는 박음질을 하고 있었다. 교실 창 밖으로 내리는 빗줄기를 보며 생각했다. 참 행복하다. 경남은행 비서실에 근무하면서 마음은 무겁지만 현재의 나의 모습을 행복이라고 생각했다. '1주일간의 출석 수업이 끝나면 은행에 더 열심히 일해야지, 나의 빈 자리로 옆 동료들이 피해를 입었으니 더 잘해주어야지.'라고 생각했다.

어떨 때는 아름다운 촉석루가 있는 진주 학습관에서 수업을 받기도 하고 주로 마산 학습관에서 수업을 받기도 했다.

어느 날 시험 기간이었다. 시험을 치기 위해 마산 학습관으로 들어가는 길이었다. 그곳에서 내 인생의 운명 첫사랑 K를 만났다. 내가 결혼을 한 지 얼마 지나지 않은 때였다. 인사를 하며 시험을 잘 치라고 했다. 그리고 아무 말 없이 시험을 쳤다. 그날 나는 시험을 어떻게 쳤는지 모른다. 마음이 많이 복잡했다. 그 후 10년 뒤 그와 부딪혔을 때 나는 주식 투자로 실패하여 알거지가 되고 이혼 후 초라한 모습으로 맥부동산에서 100만 원의 급여를 받고 일하고 있었다. 어느 날 그가 부동산 안으로 들어왔다. 아파트 분양권을 매매해달라고 했다. 그날 나의 속마음은 점심이라도 같이 먹고 싶었다. 하지만 그는 그냥 등을 돌리고 사라졌다. 그날 나는 일을 할 수 없어 조퇴를 했다. 가끔 그가 보고 싶을 때도 있다. 하지만 한 가정의 가장이 되었고 아이의 아빠고 아내가 있는 남이다.

내가 배움에 집착하는 것은 배워야 가난에서 벗어날 수 있다는 생각이 강하기 때문이다. 가난한 가정에 8남매 속에서 자라다 보니 가난에서 벗어나고자 몸부림치며 살아왔다. 어느 날 8남매가 무주 리조트에 1박 2일로 여행을 떠난 적이 있다. 그때 딸과 나는 목소리가 나오지 않았다. 돈이 없으면 사람은 자존감도 자신감도 없어진다. 그래서 목소리도 기어들

금은보화 금고 열쇠

어갔다. 가족들과 저녁을 먹고 난 뒤 노래방에 놀러 갔다. 내 차례가 돌아와 내 18번 노래를 불렀다. 하지만 목소리는 경제 상황을 대변해주듯이 밖으로 나오지 않았다. 그때 나는 깨달았다. '목소리가 자신감이구나!' 목소리가 자신의 경제 상태를 대변하는 것이라는 것을 알게 되었다. 그때 목소리의 중요성을 깨닫게 되었다. 지금은 나는 큰 소리로 얘기한다. 라운딩을 나갈 때 고객님이 귀가 아프다 할 정도로 '굿 샷'을 크게 외친다. 나는 목소리의 중요성을 알기 때문이다. 그래서 난 누구보다 크고 자신 있게 굿 샷을 외친다.

경남은행을 명예퇴직하고 4년 동안 배운 꽃꽂이 실력으로 꽃집을 오픈했다. 문향, 동방, 백향 꽃꽂이 2급 자격증을 가지고 있다. 나는 누구보다 꽃을 사랑하는 여자다. 하지만 결혼할 때 프로포즈할 때 받아본 것이 내 인생 처음이자 마지막 꽃다발이다. 나는 고객님들에게 꽃바구니와 난을 선물을 많이 해보았지만 정작 나는 평생 한 번밖에 받아본 적이 없다. 그래서 꽃집 사장님께 부탁을 해서 고객님께 드릴 꽃바구니를 준비하거나 난을 살 때 장미 한 송이를 포장한다. 내가 부탁을 드렸다. "저에게도 장미 한 송이 주세요!" 54년을 살면서 제대로 사랑 한 번 받은 기억이 없다. 한 번 이 세상에 태어났는데 서러운 생각이 든다. 사랑이 내 인력대로 되는 것도 아니고 어쩔 수 없는 일이다. 6개월이 지나 정산을 해 보았다. 새벽 6시에 출근하여 배달을 하고 새벽 2시에 퇴근을 해도 한 달 순

이익은 80만 원 정도였다. 그것으로 살아갈 수는 없었다. 그런 생각을 하고 있을 때 신문에 양산 영산대 편입생 모집 기사가 나왔다. 나는 그 기사를 보고 꽃집을 바로 정리했다. 내가 하고 싶은 것은 공부였다. 친정 가족들에게 알리지 않았다. 실내디자인학과 3학년에 편입을 했다. 인형 그림 하나 그린 적 없는 나는 그림 과제가 많은 것이 부담으로 다가왔다. 학원에서 캐드를 배워야 하고 부산 해운대에 있는 공원 공중 화장실 그림을 그려 와야 했다. 후배들은 학교에 화실을 만들어 하루하루를 알차게 살아가고 있었다. 그들의 젊음이 부러웠다.

쌍용자동차 영업을 3년 했다. 어느 정도 영업에 자신감이 붙었을 때 양산에 있는 상가 분양 일에 뛰어들었다. 3년 동안 아침 8시부터 밤 11시 반까지 기업체 사장님께 내 명함과 전단지를 직접 전해드렸다. 어느 날 부산 해운대에 오피스텔 분양을 했다. 나는 새벽 6시에 오피스텔 분양 사무실 앞에 도착해서 고객들을 기다리고 있었다. 그때 나는 핸드폰 요금을 내지 못해 거는 전화는 안 되고 받는 전화만 되는 상태였다. 그래서 딸 핸드폰을 양손에 들고 있었다. 나의 이런 상황을 아는 사람은 없었다. 아침 8시가 되자 오피스텔 분양을 받기 위해 끝이 보이지 않을 만큼 끝까지 줄을 섰다. 나는 한 사람 한 사람에게 나의 명함과 전단지를 손에 쥐어드렸다. 그때 C부사장님께서 나를 불렀다. "부탁이 있는데 내일 오피스텔 계약이 있는데 대신 줄을 좀 서 줄 수 있겠소?"라고 물었다. 당연히 서드리겠다고 말씀 드렸다. 다음 날 나는 아침 7시에 오피스텔 계약하는 분양 사무실에 줄을 서서 기다리고 있었다. 그리고 C부사장님과 사모님이 오피스텔 계약을 마치고 부산 덕천동 뉴코아에 20억 커피숍을 계약해 분양 수수료로 5천만 원을 받았다. 나는 3년 동안 상가 분양 수수료로 1억을 벌었다.

사람이 죽으라는 법은 없다. 자신이 꿈과 희망을 가지고 살아간다면 언젠가는 그 노력의 대가가 다가온다. 그 진리를 믿고 살아가야 한다. 소설가 이외수 선생님의 말씀이 생각난다. "배가 고플 땐 하늘의 별을 보며 허기를 달랬다." 나는 이 글을 읽으면서 많이 울었다. 눈물 젖은 빵을 먹어 보았기 때문이다. 상가 분양으로 1억을 벌었을 때 나는 좀 더 나를 키우기 위해 부산 동의대 부동산 최고 과정에 등록해 6개월 동안 단 한 번도 빠지지 않고 수업을 받아 수료증을 받았다. 거기에 만족하지 않고 서울에 있는 한국 경제 신문에서 주최하는 디벨로퍼 자격증을 취득하기 위해 3개월 동안 토요일, 일요일 양산에서 부산역으로, 부산에서 KTX를 타고 서울까지 한국 경제 신문사 건물에서 수업을 받고 디벨로퍼 자격증을 취득했다. 엄청난 시간과 돈을 투자했다. 거기에 머무르지 않고 1년 동안 부산 화명동에 있는 골프 연습장에 비가와도 365일 골프 연습을 했다. 그것이 내가 컨트리 캐디로 12년 동안 5억을 벌 수 있는 계기가 되어 주었다.

나는 마산여상 야간 고등학교를 졸업한 것에 대한 열등감이 있었다. 하지만 그것이 나를 단련시키고 성공으로 가는 열쇠가 되어주었다. 사람들은 열등감을 숨기려 한다. 하지만 나에게 열등감은 나를 도전하게 하고 나를 한 단계 업그레이드하게 하는 계기가 되었다. 열등감이 꼭 나쁜 것만은 아니다. 나를 가만히 두지 않는 원동력이 되었다.

경남은행 마산 중리지점을 다닐 때 업무를 마치고 마산 합성동 시외버스 터미널 옆 메이크업 학원에 3개월을 다녔다. 수업료와 재료비가 비쌌지만 아깝지 않았다. 그 뒤 일본어 학원과 영어 학원을 다녔다. 세상에서 나를 위해 투자하는 것이 가장 현명한 투자라는 것을 나는 일찍 알고 있었다. 비서실에 근무하면서 꽃꽂이 학원을 4년 다녔다. 꽃꽂이 선생님이 고등학교 국어 선생인 남편을 소개해주었다. 고마운 분이다. 지금은 돌아가시고 안 계신다. 1년 전 꽃꽂이 학원 선생님을 찾아갔지만 돌아가셨다고 했다. 결혼도 하지 않으셨는데 안타까운 생각이 들었다. 진즉 찾아뵈었어야 하는데 후회가 되었다. 사람은 외로움을 참지 못한다. 어울려 살아야 건강하게 오래 살아갈 수 있다. 대화도 나누고 웃고 맛있는 음식도 먹으면서 살아가면 건강하게 인생을 즐기며 살아갈 수 있다. 자신의 열등감을 성공의 열쇠로 만들 수 있다. 성공의 열쇠는 멀리 있지 않다. 내 부족함 안에 있는 것이다.

금은보화 금고 열쇠

07

내 인생은 나의 것

정말 좋은 대학을 나와 좋은 회사에 취직하는 것이 성공하는 인생일까?

성공하는 인생이라고 착각하는 건 아닐까?

− 『기적수업』, 〈한책협〉 김도사

8남매 중 딸 5명의 카카오톡 단체방에 카드 대금을 내지 못해 도움을 청한다고 문자를 남겼다. 막내 여동생에게 전화를 걸어 구구절절이 현재 나의 상황을 얘기하며 도와달라고 말하고 싶었지만 두 아이를 키우고 있는 동생에게 미안한 마음에 전화를 돌리지 못했다. 일을 마치고 전화를 걸려고 했다. 점심을 먹기 전에 전화를 해야지 마음을 먹었다. 하지만 오빠 집에 쌀을 얻으러 갈 때의 심정처럼, 도살장에 끌려가는 소처럼 발걸음이 떼어지지 않고 입이 떨어지지 않았다. 다들 두 아이를 키우고 있는 사람들이다 보니 여유가 없는 것은 매한가지다. 하지만 두 번의 교통사고로 나는 엄청난 경제적 손실로 생활이 유지가 되지 않을 정도의 생활고에 시달리고 있다. 한 달에 300만 원을 벌어야 생활이 유지되는 사람이 7개월을 돈을 벌지 못하니 신용카드 대금이 만만치 않다. 신용카드 한도도 많이 줄었다. 하나님께서는 내가 견딜 수 있는 만큼의 고통만 주신다고 했다. 2020년 8월 나의 첫 책이 출판되었다. 계약금 100만 원도 받았다. 책이 출판되면 인세비가 들어오고, 기업체에 강연 요청도 들어올 것이다. 아침마당에도, 세바시에도 출연할 것이다. 그리고 아시아나 항공 TV광고 모델로도 파일럿 이동진과 함께 출연하고 싶다. 내가 그렇게 할 것이라고 믿고 있고 내가 내 미래를 끌어당기고 있다.

나의 인생은 나의 것이라고 생각한다. 엄마가 반대한 결혼도 내가 결정해서 3번 만나고 고등학교 국어 선생과 결혼했다. 그것도 마산 문화원에서 구식으로 결혼식을 올렸다. 그때 경남은행 비서실에 근무했었기 때문에 S감사님과 사모님도 산꼭대기까지 와주셨다. 검사부 직원들이 그먼 곳까지 다 와주었다. 30년이 지난 지금 그분들께 감사의 인사를 드린다.

엄마는 남편과의 결혼을 반대했다. 엄마는 조금 미래를 보는 사람이라 자신의 직감을 믿는 사람이었다. 오늘 조심하라고 얘기하면 꼭 무슨 일이 일어난다. 나 역시도 엄마를 닮아서 6개월 안에 돈이 들어오는지 꿈에서 다 알려준다. 그리고 머리를 어디에 부딪치거나 손가락이 찔려 피가나면 그날은 밤 12시가 넘어가도 꼭 무슨 사고가 난다. 그래서 난 항상 나의 징크스를 믿고 조심하는 편이다. 남들은 이해하지 못하는 부분이지만 나는 나의 직감을 믿는다.

엄마의 반대에도 나는 결혼을 했다. 누구의 말도 귀에 들어오지 않았다. 선보고 3번 만나는 날 그가 꽃다발을 내게 건네주며 "월세방부터 살 수 있겠느냐?"고 물었다. 할 수 있다고 나는 말했다. 그리고 우리는 한 달 뒤 남편이 정한 1991년 4월 21일에 결혼식을 올렸다. 나도 남편을 만나기 전 올해 시집을 안가면 죽는다는 생각을 가지고 있었다. 우리 딸 다섯은 아버지를 벗어나기 위해 도망가듯 결혼을 일찍 했다. 아버지의 언어 폭력과 발길질이 싫어 아버지를 벗어나고 싶었다.

어느 봄날이었다. 큰언니가 미색 원피스를 입고 있었다. 아버지가 물기가 흥건한 젖은 장화를 큰언니에게 던지는 광경을 보았다. 큰언니는 마음이 여리고 착해 평생 아버지에게 반항 한 번, 대꾸 한 번 하지 못하는 성격이다 보니 큰언니에게 더 냉정하게 하는 편이셨다. 큰언니가 결혼해서 어려울 때 단 한 번도 도움을 준 적이 없다. 큰언니는 아버지가 돌아가시기 전까지 진해 친정에 일주일 동안 아버지가 드실 국을 한 솥씩 끓여놓고 갔었다. 가끔 여름에 아버지 등물을 해드려야 했다. 일을 갔다 오시면 땀범벅인 몸을 씻어야 하지만 나는 그것이 싫었다. 하지만 8남매를 키워주시는 아버지이기에 싫은 내색은 하지 않았다. 하지만 아버지가 돌아가시기 전 아버지 시계와 지갑을 맡은 건 나였다.

아버지가 식욕이 급격히 떨어져 살이 많이 빠지셨다. 남동생이 보다
못해 창원 병원에 모셨다. 한 달 뒤 아버지를 요양원에 모셨다. 어두컴
컴한 요양원에 팔 다리가 묶여 있는 아버지를 보았다. 요양원 말로는 침
대에서 환자가 떨어질까 봐 안전을 위해 묶는 것이라고 했다. 하지만 아
버지는 평생을 자유롭게 사신 분이다 보니 속박은 죽음을 재촉했다. 어
느 날 아버지 면회를 갔다. 아버지가 내게 말했다. "시계와 돈이 있어 잠
을 못자겠다. 네가 가지고 있어라!" 아버지의 시계와 꼬깃꼬깃 구겨진 10
만 원짜리 수표 4장과 만 원짜리 몇 장이 들어 있는 지갑을 그렇게 받았
다. 돈은 큰언니 통장에 넣어주었다. 그리고 일주일 후 아버지는 돌아가
셨다. 우리 아버지 인생도 알고 보면 참 불쌍한 인생이다. 20년을 아내
없이 혼자 견뎌 내셨으니 외로움은 오죽 했을까 싶다. 그렇다고 자신을
위해 여행을 한번 다녀오신 적도 없고, 맛있는 외식을 한 번 하신 적도
없고, 옷을 사신 적도 없다. 아버지가 돌아가신 날 나는 아버지의 시신
을 입관할 때 아버지의 싸늘한 얼굴을 감싸 안고 울었다. 평생 고생만 하
시다 돌아가신 아버지 인생이 불쌍하다는 생각이 들었다. 싸늘하게 식은
아버지는 아무 말이 없었다.

2번의 교통사고로 현실은 많이 어렵다. 하지만 딸을 공부시켜야 하는

금은보화 금고 열쇠

부담감이 없어 한결 마음은 가볍다. 하나님께서 견딜 수 있는 만큼만 나에게 고통을 주신다는 것을 나는 알고 있다.

카카오톡 자매방에 돈을 좀 빌려달라고 문자를 올렸다. 하지만 도와줄 여유가 있는 사람이 누가 있겠는가? 아이 키우기 바쁜데 여유가 있을 리 만무하다. 사람은 돈으로 사이가 서먹해지고 사이가 멀어지거나 원수가 되기도 한다. 세상에 누가 남에게 관심이 있겠는가? 오직 혼자의 착각일 뿐이다. 이제 작가가 되고 1인 창업가가 되었으니 꼭 일어나야 한다. 이제 네이버 카페 '문수빈행복연구소' 1인 창업을 하였으니 일어서야 한다. 이제는 물러설 곳도 물러날 곳도 없다. 지금 나는 벼랑 끝에 서 있다.

딸의 대학 공부를 마치고 나는 내 인생을 살아가기 위해 강사 자격증을 취득해야겠다고 생각했다. 생각한 날 바로 수업료를 송금하고 회사에 한 달 휴가를 냈다. 매주 월요일부터 금요일까지 한 달 동안 수업을 들었다. 단 하루도 빠지지 않고 수업을 듣고, 시험을 치고 강연 실습을 통해 자격증을 취득했다. 훌륭한 강사가 되기 위해 K강사님의 유튜브를 잠잘 때와 일할 때 말고는 귀에 이어폰을 끼고 살았다. 밤 10시에 일을 마치면 어두컴컴한 공연장에서 강연 연습을 했다. 나는 그 누구보다 잘할 수 있다는 자신감을 키워 나갔다. 매주 월요일과 화요일에 휴가를 내어 8개월 동안 부산 서면에 있는 정보영 스피치 학원에 다녔다. K강사님에게 강사의 자세와 기본 스킬을 하나씩 배워 나갔다. 스피치 학원을 마치고 나서 박코치 영어 학원에 4개월을 다녔다. 나의 버킷리스트인 세계 일주를 하기 위해서다. 그 후 다음해 1월에 10일 동안 캐나다 여행을 혼자 다녀왔다.

나는 영화배우 K씨의 갑작스런 교통사고 죽음으로 인해 세계 일주를 해야겠다고 마음먹었다. 그날 딸에게 전화해서 당장 여행을 떠나자고 했다. 그리고 회사에 한 달을 휴가를 내서 베트남, 태국, 제주도를 다녀왔다. 딸 공부 시키느라 죽도록 일만 했다. 26살 결혼할 때 신혼여행으로 제주도를 갔다 온 게 전부였다. 딸과의 여행은 행복했다. 맛있는 음식을 먹으며 니케비치에서 비키니 수영복을 입고 수영을 하기도 하고 사원에 가서 사진도 많이 찍었다. 호텔에 있는 실내 수영장에서 수영을 하기도 했다. 럭셔리한 인생이 황홀했다. 인생은 참 살 만한 것이었다. 그래서 사람들이 돈을 모아 여행을 하나 보다.

단 한 번뿐인 내 인생이다. 내가 선택하며 살아온 54년의 인생이다. 나는 단 한 번도 선택에 있어 남에게 의지하지 않았다. 인생은 선택의 연속이다. 그 선택으로 자신의 인생이 만들어져가는 것이다. 내가 이렇게 금전적으로 힘든 것도 내가 선택한 길의 결과다. 어제 홀인원을 해서 30만 원을 사모님께 받았다. 그 돈을 받아 당장 신용카드 대금 입금하기도 힘

금은보화 금고 열쇠

이 드는데 이제 그만둘 직장이고 헤어질 사람들이라 생각하니 마지막으로 홀인원을 장식하고 떠나야겠다고 마음먹었다. 그동안 신세진, 은혜 입은 직장 동료들에게 그 돈을 다 써버렸다. 중국에 있는 동생에게 얘기하면 '미쳤나?'라는 소리를 들을까 봐 아무 말도 하지 않았다. 2020년 8월 내 첫 책이 출판되었다. 많은 곳에서 강연 요청이 있을 것이고, 네이버 카페 '문수빈행복연구소' 일대일 코칭과 4주 과정 프로그램 요청이 들어올 것이다. 자신의 인생을 바꾸고 싶은 사람은 연락 주기 바란다.

당신의 천직을 알려줄 것이다. 80세까지 같이 성장하기를 바란다. 내 인생은 나의 것이다. 나의 인생을 누가 대신 살아줄 수도 없고 남이 내 인생을 가로챌 수도 없다. 온전히 내 것으로 내 인생을 살아가는 것이다. 괴로움도 즐거움도 슬픔도 기쁨도 다 내 것이다.

인생은 선택의 연속이다.

그 선택으로 자신의 인생이 만들어져가는 것이다.

금은보화 금고 열쇠

KEYS TO THE TREASURE BOX

3장

운명은
내가 선택하는 것이다

나는 사표를 쓰기로 했다

당신이 직장 생활이 답이 아니라는 것을 잘 알면서도 직장에 올인하는 이유는
그럭저럭 살 만하기 때문이다.
지금의 '살 만함'이 오래 지나지 않아 당신의 목을 옥죄여 올 것이다.
― 『기적수업』, 〈한책협〉 김도사

2020년 8월 나의 첫 책이 출판되었다. 올해를 끝으로 컨트리 캐디 12
년의 생활을 접고 1인 창업 네이버 카페 '문수빈행복연구소'를 오픈하여
운영 중이다. 일대일 코칭과 4주 과정 프로그램을 진행하고 있다. 자신
의 인생을 바꾸고 싶은 10~40대 젊은이들에게 꿈과 야망을 심어주는 동
기부여가로 메신저로 살아가고 있다. 유튜버로 문수빈 구독자 300명을
가지고 있다.

어젯밤 꿈을 꾸었다. 나의 미래를 볼 수 있는 꿈이었다. 탤런트 최수종
씨와 사진을 같이 찍었고, 시체들이 짚으로 몸을 감싸고 누워 있었다. 이

제 내 미래는 밝을 것이라는 것을 직감적으로 알 수 있었다. 네이버에 꿈 해몽을 찾아보았다. 앞으로 성공하거나 자신의 작품을 선보일 일이 있다고 되어 있다. 나는 가끔 상가 분양 영업을 할 때 돈이 들어올 일이 있으면 대통령 꿈을 꾸거나 유재석, 강호동, 이병헌이 꿈에 나온다. 살면서 대통령 꿈을 5번 꾼 사람은 나밖에 없을 것이다. 대통령 꿈을 꾸고 돈이 들어오지 않은 적은 없다. 내가 돈 그릇, 부자의 그릇이 작아 손가락 사이로 그 돈들을 다 흘려버려 그 돈을 소유하지도 보관하지도 못해 부를 이루지 못한 것뿐이다. 이제는 중국에 있는 여동생이 돈 관리를 해주기로 했다. 살림 잘하고 알뜰한 동생으로 인해 돈 관리를 잘해서 노후는 풍족한 미래를 살아가고 싶다.

올해 내 나이가 55세라 컨트리를 나오는 것이 맞다. 하지만 생각하면 자꾸 눈물이 난다. 아직 나는 이 일을 사랑하고 있는 것이다. 가장 어려울 때 이곳에 이력서를 들고 캐디가 되겠다고 찾아 왔다. 단돈 만 원이 없어 면접을 마치고 기숙사 동료들과 마트에 장을 보러 가는데 K에게 3만 원을 빌렸다. 보름 후 그 3만 원을 갚아 줄 수 있었다. 12년이 지나 K에게 고마움을 전한다. K는 아무것도 묻지 않았다. 보름 후 갚을 수 있는 나의 처지를 이해해주었다. 지금은 다른 곳에서 일하고 있는 K를 응원한다.

금은보화 금고 열쇠

부산 화명동 지하에 있는 골프 연습장에 1년 연습장 수강료를 지불했다. 그때 부산 덕천동 뉴코아 상가 분양을 했다. C부사장님을 해운대 오피스텔 분양하는 곳에서 만나 하늘이 나를 도와주었다. 핸드폰 요금을 내지 못해 한 손에는 내 핸드폰 다른 한 손에는 딸의 핸드폰을 들고 있었다. 그곳에서 C부사장님과 사모님을 만나 커피숍 20억을 계약해 분양 수수료로 5천만 원을 받았다.

직원들에게 식사비로 50만 원을 드리고 현장에 일하시는 아버지들에게 막걸리 큰 통 2통과 돼지머리 눌린 것, 떡, 파전들을 사서 갖다드렸다. 나를 돈 벌게 해 주신 분들에게 감사함을 표했다. 덕천동 뉴코아를 처음 근무할 때 차비가 없어 상사에게 50만 원을 빌려 활동을 했다. 나를 일하게 해 주신 고마운 분이다. 하지만 그분이 어려워 내게 빌려간 돈은 받지 못했다. 하지만 그분으로 인해 나는 5천만 원을 버는 기회를 잡을 수 있었다.

그 돈으로 빚을 어느 정도 상환하고 장롱도 새로 사고 부산 동의대 부동산 최고 과정 6개월 과정을 등록했다. 단 하루도 빠지지 않고 수업을 들었다. 내가 일어날 수 있는 일은 상가 분양뿐이라고 생각했다. 6개월 후 수료증을 받았다. 그것으로 만족하지 않고 서울 한국경제신문에서 주최하는 디벨로퍼 자격증을 취득하기 위해 3개월 동안 매주 주말에 양산에서 부산역에 가서 KTX를 타고 서울역에 도착해 다시 택시를 타고 한국경제신문까지 가서 수업을 받고 반복해서 그렇게 양산 집으로 내려왔다. 3개월 동안 단 한 주도 빠지지 않고 수업을 받아 디벨로퍼 자격증을 취득했다. 엄청난 시간과 돈을 투자했다.

거기에 만족하지 않았다. 나는 부자를 만나기 위해서 골프를 칠 줄 알아야 한다고 생각을 했다. 그래서 부산 화명동 골프 연습장에 등록해서 1년 동안 365일 단 하루도 빠지지 않고 골프 연습을 했다. 그 후 생각이 달라졌다. 딸을 대학 공부를 시키고 미국 유학을 보내야겠다는 꿈을 가지게 되었다. 그래서 상가 분양 일을 과감하게 접고 1년 동안 연습한 골프 연습장 노력을 가지고 컨트리에 이력서를 들고 무작정 찾아갔다.

경기과 H과장님과 S마스터님께 면접을 보았다. 내 나이 43세라 골프장이 생긴 이래 43세를 뽑아본 적이 없다고 하셨다. H과장님께서 면접을 보시는 중간에 "나이가 많아서…"를 5번은 말씀하신 것 같다. 하지만 내 처지가 어려워 H과장님께 당당히 말씀드렸다. "저는 경남은행에 15년을 근무했고 비서실에 4년을 근무했습니다. 저를 뽑아 주시면 고객 서비스는 누구보다 자신 있습니다! 저에게 기회를 주시면 실망시켜드리는 일은 없을 것입니다!" 그때 옆에 앉아 계신 S마스터님께서는 아무 말씀도 하지 않으셨다. 그때 S마스터님이 'No!'라고 하셨다면 나는 캐디가 되지 못

금은보화 금고 열쇠

했을 것이다. 캐디가 되어 12년을 근무하면서 5억을 벌게 해 주신 분은 S마스터님이 아닌가? 하는 생각이 든다. 나는 S마스터님이 회사를 퇴사하실 때 까지 크리스마스, 추석, 설날에 주유권 10만 원과 사과 한 박스, 배한 박스를 선물해드렸다. 나를 일하게 해주시고 딸을 대학 공부를 시키고 미국 유학을 보내주신 분이시기 때문이다. 그때 퇴사하실 때에는 딸대학 공부시키느라 마음의 여유가 없어 챙겨 드리지 못했다. 하지만 이제 작가가 되었고, 1인 창업으로 네이버 카페 '문수빈행복연구소'를 운영하고 있다. 1인 창업으로 성공하면 S마스터님께 꼭 은혜를 갚고 싶다. 내가 가장 어려울 때 내 인생을 바꿔주신 분이다. S마스터님께서 가끔 김밥도 싸주시고 김치도 담아 냉장고에 넣어주셨다. S마스터님은 음식 솜씨가 뛰어났다. 참 맛이 있었다. 12년이 지난 지금은 면접을 보신 H과장님도 S마스터님도 컨트리를 떠나고 나만 이곳에 남아 있다. 내 어려웠던 시절 인생을 바꿔주신 두 분께 머리 숙여 감사드린다.

43살에 2개월의 캐디 교육을 받았다. 회사 동생이 "언니 다른 직업을 구해보는 건 어때요?"라고 말을 했다. 내 나이에 일하기에는 어려운 일이라고 생각한 모양이다. 하지만 나는 한 가정의 가장이고 딸을 대학 공부를 시켜야 하기에 아무 말도 할 수 없었다. 지금 같이 12년째 근무하고 있다. 교육을 마치고 2개월 후 3월 23일에 내 번호를 받고 캐디가 되었다. 사장님께 인사를 드리고 그날 이후부터 8년 동안 나는 매일 2번 일을 했다. 비가 와도 2~3번 캔슬이 나도 동생들의 일을 받아 일을 나갔다. 비가 오면 더 고객님들에게 신경을 썼다. 8년 동안 2시간 이상 잠을 자본 기억이 없다. 엄마 제사 7월 7일에 맞춰 1년에 딱 5일 휴가를 냈다. 동생이 내게 물었다. "언니는 휴가를 왜 안 써요?" 나는 그 말을 듣고 아무 대답도 할 수 없어 그냥 웃어주었다. 나는 딸을 대학 공부시키고 미국 유학을 보내기 위해 아플 수도, 아파서도, 아파도 쉴 수도 없는 엄마였다. 12년이 지난 지금 디스크로 왼쪽 허벅지에 송곳으로 내리꽂는 아픔이 있고 손가락 10개가 퇴행성 관절염으로 파라핀 치료를 하지 않으면 통증으로 견딜 수 없는 지경이 되었다. 2달에 한 번 뼈 주사를 맞아야 살아갈 수 있는 몸이 되었지만 모든 것을 다 해냈기에 후회는 없다.

나는 12년을 캐디로 일하면서 나에게 일을 준 동생들에게 과일을 선물하거나 일할 때 필요한 골프 용품들을 아낌없이 선물했다. 고객님들에게도 5만 원 이상 팁을 주시는 분들에게는 3만 원 정도는 마크와 티 걸이를 사서 감사 메모와 함께 라운딩을 마치고 돌아가시는 차에 넣어드렸다. 나는 항상 일을 주는 동생이 고맙고 돈을 벌게 해주시는 고객님들이 고맙고 감사했다. 그래서 나는 일할 때 서 있어도 내 마음은 항상 큰절을 올리는 심정으로 일을 했다. 그래서 고객님들을 만나면 악수하고 내가 가지고 있는 골프에 필요한 볼이나 티 걸이, 퍼터키퍼들을 아낌없이 드린다. 제철 과일이 나오면 내가 사랑하는 사모님 댁에 과일을 택배로 보내드리거나 차에 실어드린다. 내가 가장 힘들 때 나를 먹여 살려 주시고 딸을 대학 공부를 시켜주시고 미국 유학을 보내 주신 분들이기 때문이다. 그래서 나는 고객님이 나의 엄마, 아버지라고 생각하고 사는 사람이다. 내 진심을 알기에 내가 안 보이면 안부를 묻는 고객님들이 많다. 내게 게장을 담아 배치실까지 갖다주시는 사모님도 계시고, 컨트리 카운트에 해마다 블루베리 즙을 한 박스씩 맡겨두시고 가는 J사모님도 계신다. 골프화 사서 신으라며 10만 원씩 주고 가시는 사모님도 3분이나 계신다. 12년 동안 가족처럼 생각하고 살아 왔기 때문에 내 마음이 그대로 전달되었다고 생각한다.

사실 나는 이곳을 떠나기가 싫다. 하지만 1인 창업으로 10~40대 젊은 이들에게 세상을 향해 도전하고 더 큰 꿈과 야망으로 살아갈 수 있게 하는 메신저로 동기부여가로 강연가로 80세까지 살아가기 위해 정든 골프장을 떠난다. 지금은 해결해야 할 경제적인 문제가 있어 2020년 12월까지 일을 할 생각이다. 그래도 내가 자꾸 눈물이 나는 이유는 집보다 컨트리가 좋기 때문이다. 내가 있어야 할 곳은 집이 아닌 꿈 터이기 때문이다.

02

운명은 내가 선택하는 것이다

대중을 무작정 따라가게 되면 색깔 없는 바보가 된다.
나만의 개성을 살리고 주장을 당당히 펼칠 때
세상은 나를 최고라고 인정하게 된다.
— 『기적수업』, 〈한책협〉 김도사

나는 내 운명을 내가 만들어가고 선택한다고 생각한다. 지금 나의 현
실은 내가 만들어낸 과거의 연장이라고 생각한다. 나의 운명의 모습은
내가 결정한 선택의 결과라고 생각한다. 나는 가족이 뭐라고 해도 내가
결정하고 선택한 결과에 대해 후회도 미련도 가지지 않는다. 그것은 내
가 감당해 나가야 할 책임인 것이다. 가족들은 나를 응원하지만 하지 말
라고 하는 것만 하고 사는 나를 탐탁지 않게 생각한다. 하지만 나는 내가
원하는 꿈이 있고 내가 바라는 미래가 있고 내가 꿈꾸는 미래의 그림이
있다. 그래서 나는 내 고집으로 살아가고 있다. 그래서 단돈 만 원도 없
던 빈털터리가 죽도록 일해서 딸을 대학 공부를 시키고 미국 유학을 보

냈다. 8남매 중 제일 가난한 나만 미국 유학을 보냈다. 가족들은 나를 이해하지 못한다. 하지만 나는 나의 딸의 빛나는 미래를 위해 8년 동안 2시간 이상 잠을 자지 않고 매일 2번 일을 해서 12년 동안 5억을 벌어 딸을 대학 공부를 시키고 미국 유학을 보냈다. 작년 추석에 딸 4명이 한화 콘도에서 1박 2일 여행을 했다. 가족들이 강사로 돈을 벌지 못하니 미용 기술이나 공무원 시험을 치라고 말했다. 나는 훌륭한 강사가 될 거라고 얘기했다. 가족들은 새벽 4시까지 나를 설득하려 했지만 나는 설득되지 않았다. 큰언니가 내게 말했다. "소에게 또 경 읽었다." 나는 K강사님처럼 한 시간에 천만 원이 넘는 강연료를 받는 훌륭한 강사가 될 것이라고 말했다. 하지만 나의 말을 믿는 가족은 아무도 없었다. 오직 나만이 그 사실을 확신하고 있었다.

신용카드 대금을 내지 못해 자매 4명 카카오톡 방에 문자를 남겼다. 어려우니 좀 도와달라고 했다. 마음 착한 남동생에게도 문자를 남겼다. 2번의 교통사고로 7개월 동안 일을 하지 못해 많이 힘들다고 도움을 요청했다. 자매방에 문자가 왔다. 회비 100만 원을 보냈다고 했다. 남동생에게서 전화가 왔다. 현재 코로나로 인원 감축으로 잠시 휴직하고 있다고 했다. 나뿐만 아니라 다 힘들다는 것을 생각하지 못했다. 조금은 숨을 쉴 수 있을 것 같다. 어려울 때는 항상 자매들에게 신세를 지게 된다. 2019년 9월 21일 교통사고가 났을 때 병원에 입원할 당시 돈을 모아 통장에

50만 원을 입금해주어 쉬고 있는 내 마음의 초조함이 조금 덜했다. 병원에 있는 동안에도 생활비는 여전히 들어갔다. 7개월 동안 일을 하지 못하니 2,000만 원이라는 돈이 공중에 사라져버렸다. 2번의 교통사고를 연달아 당하다 보니 목의 통증이 심해 좌우로 잘 돌아가지도 않는다. 갈비뼈의 통증도 오래 가 아직도 파스를 가슴에 도배를 하고 산다. 몸이 많이 허약해져 일을 하고 나면 힘들다는 소리가 나도 모르게 절로 나온다. 목욕하기 전 한 시간 정도를 목욕탕 마루에 누워 있다가 목욕을 하고 내려온다. 딸 다섯 중에 제일 돈을 많이 벌었지만 돈 관리를 하지 못해 항상 허덕이며 살아가고 있다. 가족들에게 항상 마음을 쓰게 하고 도움을 주는 것보다 도움을 평생 받고 살아가고 있다.

캐디로 12년 째 살아가고 있는 것도 내가 선택한 운명이다. 현재의 내 삶은 지난날의 선택의 결과다. 남편과의 이혼 역시도 내가 선택한 길이다. 주식투자 실패로 알거지로 살아온 것도 내가 선택한 길이다. 캐디 생활 12년의 생활로 5억을 벌어 딸을 대학 공부를 시키고 미국 유학을 보낸 것도 내가 선택한 미래다. 우리는 당장 현실을 보고 근시안적인 사고로 살아간다. 하지만 우리는 미래에 내 눈을 내 꿈을 바라볼 수 있는 거시적인 안목, 안경을 써야 한다. 회사에 한 달 휴가를 내서 성희롱 예방 강사, 법정 의무 강사, C.S강사, 컬러 진단 강사 자격증을 취득한 것도 내 운명을 바꾸기 위해 발버둥친 것이다. 좀 더 강사의 자격을 갖추기 위해 8개

금은보화 금고 열쇠

월 동안 매주 월, 화요일 휴가를 내서 부산 서면에 있는 정보영 스피치 학원에 K강사님에게 강사의 자세와 스킬을 배웠다. 영화배우 K씨의 죽음으로 인해 내 인생관이 완전히 바뀌어 버킷리스트인 세계 일주를 위해 4개월 동안 박코치 영어 학원에 다녀 다음해 캐나다 여행을 혼자 10일 동안 다녀왔다. 이 모든 노력 역시 내 운명을 바꾸고자 노력한 것이었다.

12년째 밥을 먹으러 가는 곰탕집 엄마는 72살이시다. 40세에 남편과 성격이 맞지 않아 서울에서 이곳까지 내려와 곰탕집을 30년째 하고 계신다. 새벽 6시부터 저녁 7시까지만 일을 하셨다. 돈을 벌어 지금 장사를 하고 계신 상가도 사고, 서울에 아파트도 사고, 아들 딸 이름으로 연금을 매달 100만 원씩 입금하고 계신다. 혼자 30년을 무일푼으로 와서 장사를 하고 계시지만 빚 하나 없이 수입은 다 적금으로, 보험으로 입금을 하신다고 하셨다. 백내장 수술도 하시고 두 다리가 아파 이것저것 몸에 좋은 것을 챙겨 드시지만 엄마의 인생은 없이 오직 알뜰하게 돈을 모아 자식들에게 주는 사랑으로 하루하루를 살아가고 계신다. 내가 엄마에게 말씀 드렸다. "엄마, 이제 맛있는 것 먹고 여행도 하세요!" 엄마는 매일 맛있는 것 먹고 여행도 할 만큼 하셨다고 했다. 내가 12년째 밥을 먹고 있는데 엄마는 단 하루도 가게 문을 닫은 적이 없다. 엄마에게 나의 책을 선물할 수 있어 좋다. 나도 엄마처럼 아낌없이 주는 나무가 될 것이다.

어제 밤 12시에 일을 마치고 중국에 사는 여동생에게 전화를 했다. 남편이 베트남에 출장 중이라 나의 고민을 유일하게 들어주는 동생이다. 12년째 중국에 살고 있으면서 우울증을 많이 겪었다. 한국에 대한 향수병이 도진 것이다. 하지만 이제 그 세월을 잘 참아 내어 내년에는 한국으로 아들의 대학 진학 때문에 귀국을 한다. 이제 한국으로 영원히 돌아오는 것이다. 자주 만나 수다를 떨 수 있고 내가 하고 있는 네이버 카페 '문수빈행복연구소'에서 같이 일을 할 계획이다. 전화도 받아주고 교육 일정도 잡아주고 내가 일에 집중할 수 있게 동생이 스케줄을 잡아주는 일을 하기로 했다. 돈 관리도 해줄 것이다. 동생은 요리를 잘한다. 유튜브를 가르쳐주어 요리하는 유튜버로 성장시켜주고 싶다. 동생은 자신의 강점을 잘 알지 못한다. 그저 평범한 맏며느리라고 생각한다. 하지만 내가 요리를 못해서인지 나는 동생의 강점이 무엇인지 눈에 잘 들어온다. 내가 영어가 약하니 딸이 영어를 잘하는 강점이 눈에 들어온다. 그래서 네이버 카페에 '미국 유학 영어 아카데미'와 '호텔리어 아카데미'를 개설하여 1인 창업가로 같은 길을 걸어가게 하고 있다.

사람들에게는 하나님께서 내려주신 5가지 달란트가 있다. 나도 그 5가지 달란트를 꺼내 쓰려고 무지 애쓰고 있는 중이다. 자신을 잘 모를 수 있다. 내가 항상 해왔던 것이기에 그것을 잘 알아차리지 못하는 것이다. 나는 내 나름의 강점이 있다. 나는 생각 없이 일을 잘 저지르는 경향이 있다. 앞뒤 생각하지 않고 그냥 내 마음 가는 대로 시도하고 도전한다.

금은보화 금고 열쇠

많은 실패도 하고 성공도 해보았다. 가만히 안전하게 살아간다면 아무런 인생의 발전도 변화도 일어나지 않는다. 계속 시도하고 도전해야 한다. 그래서 내가 꿈꾸던 미래를 앞당길 수 있어야 한다. 우리는 우리가 상상하고 염원하던 꿈을 끌어당김으로 인해 우주를 내편으로 만들어 꿈을 이룰 수 있다. 내가 10년 전에, 20년 전에 던져놓았던 내 생각과 꿈과 야망의 퍼즐 조각들이 훗날 하나하나 제자리를 찾아가는 것이다. 세상에 헛된 노력이란 없다. 헛된 시간이란 없다. 그 노력이 모여 내 꿈동산이 되는 것이다. 내 인생의 화살표가 만들어지는 것이다. 나는 36년간의 도전하는 정신으로 직장 생활을 해서 20억을 벌었다.

오늘 아침에 일어나 내 미래에 나아가야 할 방향들이 영감으로 떠올랐다. 내가 미래에 어떻게 사업을 이끌어가야 하는지 알게 되었다. 매일 매일 그것을 생각하면 자는 동안에도 고민하게 된다. 그리고 시간이 지나면 그것을 깨닫게 해 주는 것이다. 처음에는 책을 쓸 때 무엇을 써야 할지 잘 생각이 나지 않았다. 그래서 내가 생각해 낸 것은 그냥 일기처럼 한자 한자 적어보자는 것이었다. 그러다 보면 50장 100장이 되어 있다. 내가 살아 온 인생은 다람쥐 쳇 바퀴 돌듯 똑같은 일상이었다. 하지만 다른 것은 실패와 성공을 경험하면서 한 발자국 앞으로 성장해 가고 있는 내가, 어제와는 또 다른 내가 서 있는 것이다. 우리는 일터가 꿈 터가 되어야 한다. 매일 반복되는 일상이지만 그 속에서 내 안의 잠든 거인을 깨워 함께 힘을 합쳐 미래의 야망을 위해 나아가야 한다. 조그마한 노력, 책 속의 단 한 줄을 읽는 마음의 여유, 단 한 조각의 생각 명상이 내 인생을 바꾸고 내 운명을 바꾸는 것이다. 내 습관 하나의 변화가 점이 되고 선이 되고 인생의 화살표가 되어 또 다른 운명의 나로 다시 태어나게 된다. 어제 언니의 말을 들었다. "니가 한 게 뭐 있다고 책을 쓰느냐?" 그 말을 듣고 나는 꼭 성공해야겠다고 다짐을 했다. 나는 2020년 8월 내 첫 책이 출판되었고 네이버 신간 화제작 자기계발서 10에 선정되었다. 네이버 카페 '문수빈행복연구소'를 운영하고 있다. 은행원이 되고자 꿈꾸는 젊은이, 자동차 영업으로 성공하고자 하는 젊은이, 상가 분양으로 성공하고자 하는 젊은이, 책을 쓰고자 하는 젊은이, 1인 창업을 하고자 하는 젊은이들의 메신저로 1인 창업가, 강연가, 동기부여가로 살아가고 있다. 10~40대 젊은이들의 삶을 변화시키는 자극제가 될 수 있는 멘토로 80세까지 내 운명을 바꾸며 살아가고 있다. 나는 금은보화 금고 황금열쇠를 찾았다. 부의 추월차선에 올라탔다. 내 운명은 바뀌었다. 그것을 80세까지 유튜브로 보여줄 것이다.

03

불행은 7가지 행운과 함께 온다

창업은 예상하지 못했던 일들의 연속이다.
따라서 계획했던 것보다 두 배의 시간과 예산을 갖고 시작하라.
두 배의 법칙을 기억하고 실천할 때 여유를 갖고 창업을 진행할 수 있다.
– 『기적수업』, 〈한책협〉 김도사

고등학교 입학할 당시 오빠가 벽돌을 만드는 블록 사업을 했다. 사업이 처음인 오빠는 사업 실패로 많은 빚을 지게 되었다. 엄마가 나를 불러 말씀하셨다. "형편이 어려워 야간 고등학교를 가야겠다." 나는 아무런 생각 없이 "예."라고 대답했다. 나의 초등학교, 중학교 생활은 우리집에 돈이 있는지 없는지 모르는 아주 순박하고 착한 소녀였다. 8남매가 모두 개근상을 받는 성실한 엄마, 아버지의 아들과 딸이었다. 중학교 3학년까지 반에서 18등을 넘어 본 적이 없다. 중학교 때 선생님께서 적어주신 생활통신문에 '순박한 학생입니다.'라고 적혀 있었던 기억이 난다. 고등학교 입시 시험이 다가오자 살아오면서 큰일을 처음 겪다 보니 귀에서 윙~ 하

는 소리가 계속 들렸다. 내가 너무 긴장하고 있는 탓이다. 마음을 안정시
키기 위해 수업을 마치면 쉬는 시간에 학교 벤치에 앉아 심호흡을 하며
긴장을 풀려고 애를 썼다. 하지만 좀처럼 긴장이 풀리지 않았다.

마산여상 야간 고등학교를 나오지 않았다면 나는 그토록 피 터지는 3
년을 살지 않았을 것이다. 사람은 환경의 동물이다. 가난을 벗어나기 위
해 나와 싸워야만 했다. 학교 수업을 마치고 쉬는 시간에 잠이 쏟아지면
학교 옥상에 올라가 30센티 자로 내 얼굴을 때리며 잠을 쫓았다. 진해에
서 마산, 마산에서 진해로 돌아오는 등하교 시간 2시간도 몰두해서 공부
를 했다. 부기 2급 자격증도 버스 속에서 공부해 자격증을 취득했다. 부
족한 공부는 일요일 새벽 6시에 진해 탑산 밑에 있는 진해 도서관 문을
내가 제일 먼저 열고 밤 11시에 제일 마지막에 문을 닫고 집으로 돌아왔
다. 중간에 공부를 했는지 안했는지는 중요하지 않았다. 내가 그곳에 앉
아 있었다는 것만으로도 매우 행복했다. 3년 동안 그렇게 한 나 자신이
대견하고 뿌듯했다.

나는 습관의 힘을 믿었고 그 사소한 노력들이 쌓여 큰 힘을 발휘한다
는 사실을 확신했다. 나는 가난하고 힘든 현실에 내 시선을 두지 않고 내
빛나는 미래의 꿈에 내 시선을 두는 안목과 관점을 가지고 있었다. 도서
관에서 공부를 하다가 점심을 먹고 나면 도서관 옆에 있는 성당에 가서

성모 마리아에게 기도를 했다. '가난에서 벗어나게 해 주세요! 은행원이 되게 해 주세요!' 나는 내 꿈을 항상 가슴에 담고 살았고, 내 꿈을 일기장에 매일 매일 적었다. 하늘에 내 소망이 닿았는지 나는 입학할 때 전교 74등으로 입학해 졸업할 때 전교 7등으로 졸업했다. 반장으로 장학생으로 한국직업관리공단에서 주최하는 주산, 부기, 타자 2급 자격시험에 합격해 경남은행에 당당히 합격했다.

불행은 항상 불행으로만 보인다. 하지만 뒤집어 보면 불행은 7가지 행운의 얼굴을 하고 내게로 다가 온 것임을 세월이 흐른 뒤에 깨닫게 되었다. 오빠의 사업 실패가 없었다면 나는 고등학교를 18등을 모면하지 못한 채 존재감 없는 나로 인생을 끝마쳤을지도 모른다. 오빠의 사업 실패가 내 인생을 완전히 뒤바꿔놓았다. 정상의 길로 가는 물꼬를 터준 셈이다. 자신이 지금 몸서리칠 만큼의 고통과 고난을 겪고 있다면 그것을 뚫어져라 쳐다보는 것에 집중하지 말고 그 뒷면에 숨어 있는 행운의 얼굴을 들여다볼 수 있는 안목을 가져야 한다. 지금의 불행은 하나님께서 준비하신 약속, 내 천직을 위해 준비하신 거쳐가야 할 오작교, 테스트 과정, 넘어야 할 장애물임을 깨달아야 한다. 나는 오빠의 사업 실패로 인해 경남은행에 15년 동안 근무하여 7억을 벌 수 있었고, 고등학교 국어 선생을 만나 8년의 결혼 생활을 했으며 예쁜 딸도 낳아 지금 딸이 29살이 되었다. 8년 동안 캠퍼스 커플로 만나 돈을 모아 결혼도 하고, 집도 산다고 하니 너무 기쁘다.

불행의 얼굴을 하고 온 오빠의 사업 실패는 나를 경남은행원으로 살아
갈 수 있게 해주었고, 내 인생 최정상에 서게 해주었다. 3년의 노력으로
나는 7억이라는 첫 번째 기적을 이루어낸 것이다. 초등학교, 중학교 친
구들은 의아해했을 것이다. 그냥 보통으로 공부했던 내가 야간 고등학
교를 나와 경남은행 비서실에서 근무를 하고 고등학교 국어 선생을 만나
결혼한다는 것이 믿기 어려웠을 것이다. 나는 우리 집의 경사요 우리 집
의 자랑이었다.

그러나 앞에서 말했듯, 나는 퇴직금 1억을 받고 명예퇴직을 했다. 내
수중의 모든 돈을 걸었던 주식이 급락했고, 신용불량자가 되었다. 불행
은 나에게 이혼과 주식투자 실패라는 엄청난 고통으로 나에게 다가왔다.
남편과 이혼하지 않았다면, 주식투자 실패로 20년의 세월을 가난 속에
허덕이지 않았다면 나는 내 속에 있는 하나님께서 주신 5가지 달란트를
꺼내 쓰지 못했을 것이다. 내 속에 있는 도전하는 정신을 꺼내 써지 못
했을 것이다. 나는 나에게 닥친 현실을 이겨 내기 위해 내 안에 잠자고
있던 거인을 깨울 수 있었다.

3년 동안 쌍용자동차 영업으로 한 달에 5대를 팔고 어떤 달은 10대를

출고 할 수 있는 영업맨이 될 수 있었다. 3년 동안 상가 분양 영업을 하여 20억을 두 번이나 계약하고 상가 분양 수수료로 1억을 벌 수 있었다. 그 자신감으로 나는 1년 동안 부산 화명동 골프 연습장에서 연습한 것을 가지고 컨트리에 찾아가 면접을 보고 2개월간의 캐디 교육을 마치고 캐디가 되어 8년 동안 2시간 이상 자지 않고 일을 매일 2번씩 하여 12년 동안 5억이라는 두 번째 기적을 만들어냈다. 주식투자 실패와 남편과의 이혼이라는 장벽을 뚫고 나 자신과의 싸움에서 당당히 싸워 딸을 대학 공부를 시키고 미국 유학을 보낼 수 있었다.

내게 큰 불행이 다가 오지 않았다면 나는 내 안에 영업력이 있다는 사실을 알아차리지 못했을 것이다. 아침 8시부터 밤 12시까지 6년 동안 양손에 팜플렛 가방을 들고 영업을 하러 다니지 않았다면 체력을 기를 수도 없었을 테고, 8년 동안 1년에 딱 5일 휴가를 쓰고 매일 투 타임을 해서 12년 동안 5억의 돈을 벌지도 못하였을 것이다. 이렇게 나는 2번째 기적을 만들어냈다.

2019년 9월 21일 교통사고가 있었고 2020년 4월 7일 교통사고가 있었다. 나는 두 번의 교통사고로 7개월 동안 일을 하지 못해 2,000만 원이라는 돈을 벌지 못해 경제적인 어려움을 겪고 있다. 신용카드로 생활을 이어가고 있다. 자매들에게 교통사고로 힘든 현실을 이야기하고 140만 원을 빌렸다. 결제해야 할 신용카드 대금과 아파트 보증금과 각종 보험료와 세금들이 나의 목을 옥죄고 있다. 하루하루 산소 호흡기를 꽂고 있는 심정으로, 주식투자 실패로 신용불량자로 살아갈 때처럼 숨이 막히고 힘이 많이 든다. 하지만 불행은 7가지의 행운과 함께 온다는 것을 2번이나 경험한 나는 아무것도 가지지 않은 상태에서 책 쓰기 6주 과정과 하루 만에 끝내는 1인 창업, 카페 활용법, 카페 제작 신청, 강연 과정 수업, 책 출판 홍보 마케팅, 유튜브 과정 수업을 마치고 1인 창업가로서 모든 것을 공부하여 1인 창업가로서 자질을 갖추고 네이버 카페 '문수빈행복연구소'를 운영하고 있다.

지금 현재 나에게 닥친 교통사고로 인한 경제적 어려움의 불행은 7가지의 행운과 함께 나에게 온 행운의 여신임을 알기에 이 고통의 시간들을 참고 견디다 보면 나의 3번째 기적이 일어날 것이라고 믿는다. 2번의 기적을 일으켜 보았던 나다. 남은 나를 믿지 않는다. 하지만 나는 나를 믿는다. 어제 짚에 쌓여 누워 있는 시체와 탤런트 최수종 씨와 같이 사진을 찍는 꿈을 꾸었다. 네이버에 꿈 해몽을 해보았다. 내 작품이 세상에 알려지게 되어 성공한다는 꿈 해몽이 나왔다. 해몽처럼 나의 인생도 성공의 활주로를 달리고 싶다.

도전하라, 세상을 다 가져라

당신이 만든 제품이나 서비스의 강점을
사람들에게 제대로 알릴 때 성공은 절로 찾아온다.
— 『기적수업』, 〈한책협〉 김도사

"도전하라! 세상을 다 가져라!"

이 말은 나의 슬로건이다. 나는 이 말을 항상 마음에 담고 산다. 나는 내가 원하는 야망이 있다. 하나님께서는 자신이 원하지 않는다면 생각하지도 않는다고 했다. 나는 마산여상 야간 고등학교를 졸업하고 경남은행에 15년을 근무하고 IMF 때 퇴직금 1억을 받고 명예퇴직을 했다. 그래서 나는 1인 창업으로 성공하면 은행을 짓고 은행장이 되어 어려운 사람을 도와주고 싶다.

대출의 심사 기준은 열 손가락을 보고 대출을 해줄 것이라고 생각했다. 돌아가신 우리 아버지의 열 손가락은 손마디가 굵고 손을 잡아 보면 엄청 거칠었다. 나 역시도 12년 동안 컨트리 캐디 생활로 인해 열 손가락이 퇴행성 관절염으로 약을 먹고 휴가를 내어 병원에 가서 파라핀 치료를 받아야 할 만큼 손가락 통증이 심하다. 그래서 난 우리 아버지처럼 열심히 가정을 위해 살아가시는 가장들의 힘이 되고 싶다. 그리고 소녀 가장들에게도 등대 같은 인생의 동반자가 되고 싶다. 그래서 그들이 자라 또 다른 자신을 도와줄 수 있는 멘토가 되기를 바라는 마음이 크다. 꼭 한국에서만이 아닌 세계 속에 일하는 일꾼으로 자신의 야망과 꿈을 펼치는 사람으로 성장하기를 바라는 마음이 간절하다.

나는 골프장 사장이 되는 것이 꿈이다. 돈을 많이 벌어 골프장을 지어 네이버 카페 '문수빈행복연구소' 회원들, '한국캐디양성사관학교' 회원들과 100세까지 골프를 치며 인생을 즐기고 싶고 크루즈 멤버십으로 회원들과 함께 세계 일주를 하며 인생을 성장시키는 여행을 같이 떠나고 싶다. 나는 백화점을 크게 지어 열심히 일한 자신에게 자신이 원하는 옷과 가방, 구두, 음식, 차, 헤어를 제공하는 자신만을 위한 공간을 제공해 주는 백화점을 짓고 싶다. 그래서 열심히 일한 자신을 귀하게 생각하고 이벤트를 열어 줄 수 있는 공간을 제공할 것이다.

10년 계획을 세웠다. 내 나이 55세이니 65세에는 다 이루겠다는 각오로 1인 창업가로 살아가고 있다. 2권, 3권을 하루 빨리 출판해서 자신을 브랜딩하고 1인 창업으로 일대일 코칭과 4주 과정 교육 프로그램을 통해 젊은이들의 인생을 변화시키고 자극제가 되는 동기부여가가 되었다.

나는 파일럿 이동진과 오현호 님의 삶에 박수를 보낸다. 그들의 삶을 책으로, 세바시 영상을 보면서 도전하는 삶이 얼마나 소중하고 귀중한 자산인가를 깨닫게 되었다. 나는 두 사람의 무모하리 만큼 도전하는 삶이 사람들에게 용기와 희망을 안겨다준다는 것을 알게 되었다. 그리고 잔잔한 내 가슴속에 불씨를 당겨주었다. 나는 파일럿 이동진과 오현호 님의 방송 인터뷰를 보면서 그들의 아름다운 마음을 보고 웃기도 하고 눈물을 닦아내기도 했다. 그들의 삶은 나에게 감동이었다. 나는 그들과 더불어 아름다운 사람이 되기로 결심했다. 파일럿 이동진의 삶은 '도전'이라는 단어 외에는 생각이 나지 않을 정도이다. 이동진은 2개월 동안 자전거로 뉴욕을 횡단했고, 한국에서도 많은 도전을 했다. 히말라야 등정, 독도 릴레이 수영, 6개월 동안 달리는 말로 몽골에서 6,000km 대륙을 횡단했다. 그리고 이 자료를 가지고 미국에 있는 항공 학교에 비행 수업료 1억원을 장학금으로 받아 파일럿이 되어 자신의 꿈을 펼치고 있다. 나는 그의 황당하고 발칙한 아이디어에 감탄했다. 그는 있지도 않은 장학금을 받아 파일럿이 되었고 지금까지 파일럿이 되는 과정을 찍어 영화로 만들었다. 유튜브를 통해 세계 속에 도전정신을 심어놓았다.

금은보화 금고 열쇠

나도 마음속에 사랑의 마일리지를 쌓아가기로 결심했다. 그들은 나에게 인생에서 작은 차이가 큰 차이를 만든다는 것을 그들의 삶으로 보여주었고, 감동으로 사람들의 마음에 남는 사람이 되기로 결심하게 해주었다. 파일럿 이동진은 세바시에서 이렇게 말했다. "나는 내 생각보다 강하다!" 나는 이 말을 듣고 나를 강한 사람으로 생각하게 되었고 두려움을 없애는 방법은 "지금 당장 시작하라!"라고 말해주었다. 나는 항상 행동력이 빠른 사람이었다. 망설이지 않고 그냥 결정하고 바로 실행하는 타입이다. 권마담 대표님은 "트럭 100대 만큼의 생각보다 1g의 행동이 낫다."라고 말씀하셨다. 이 말을 항상 가슴에 담고 살아가고 있다. 이 세상에서 가슴과 머리가 가장 먼 거리다. 가슴이 시킨 일을 머리가 실행하는 시간이 많이 걸린다는 것을 말해주고 있다. 사람들은 자신이 생각한 것을 실행하기가 참 어렵다. 100가지도 넘는 이유를 갖다 대며 실행하지 못하는 변명을 늘어놓는다.

오늘도 나는 책상에 앉아 잠을 잤다. 체력은 되지 않고 책은 써야 하지만 5줄도 쓰지 못하고 잠이 들었다. 어젯밤 꿈에 신발을 신지 않고 걸어가는 내 모습을 보았다. 경제적으로 어려운데 더 어려운 내 현실이 다가옴을 직감할 수 있었다. 하지만 빚이 1억도 2억도 아닌 그냥 좀 힘든 것뿐이다. 10년 후면 나도 100억 재벌이 되어 있다는 확신으로 걸어가고 있다. 나의 보물지도를 찾았고 금은보화 금고 황금열쇠를 찾았다. 하나님께서 내게 3번의 황금 티켓을 주셨듯이 나는 내 천직에 성실하게 사명감을 가지고 K강사님처럼, 구루 김도사님처럼 묵묵히 걸어가는 인내를 배워가야 한다. 내 빛나는 미래를 보는 눈을 가지게 되었다. 나의 미래는 빛난다. 그것이 하나님께서 나를 위해 준비하신 천국이다.

오늘 일을 하면서 하루 종일 이런 생각이 들었다. 이제는 나이가 있어 캐디라는 직업을 하기에는 힘이 든다. 2번의 교통사고로 인해 나는 체력이 많이 약해졌다. 마음은 매일 2번 일하는 투 타임을 하고 싶다. 하지만 일을 마치고 목욕하는 시간이 되면 내 몸이 많이 지쳐 있다는 것을 느낀다. 이제 난 이 일을 할 수 있는 힘이 없다. 박수 칠 때 떠날 수 있어야 하지만 갚아야 할 수업료, 갚아야 할 카드값 등으로 인해 올해까지는 잘 버텨내야 한다. 오늘 김도사님의 유튜브 영상 보물지도 편을 1주일째 돌려보고 있다. 무일푼, 무스펙에서 백만장자가 된 이야기를 들었다. 나도 할 수 있다는 자신감을 얻었다. 하지만 자꾸 작아지는 자신을 느낀다. 10년만 고생하면 나도 100억 재벌이 될 수 있다. 나만이 가진 강점을 가지고 네이버 카페 '문수빈행복연구소' 일대일 코칭과 4과 정을 통해 부의 추월차선에 올라탔다. 처음은 초라할지 모르나 10년이 지난 뒤 젊은이들에게 꿈과 야망과 보물지도를 그려줄 수 있는 힘을 키운다면 나 역시 기적을 만들어 낼 수 있다. 지금은 비록 빚에 시달리고 쫓기는 신세이지만 나 역시도 충분히 유튜버로 성공할 수 있고 1년에 10억을 버는 1인 창업가가

금은보화 금고 열쇠

될 수 있다고 확신한다. 나는 항상 없는 가운데에서 1번째 기적, 2번째 기적을 이루어왔고, 지금은 내 인생의 마지막 기적을 만들고 있다. 54년 살아낸 인생으로 36년간의 직장 생활의 노하우로 80세까지 살아내려고 많은 시간과 돈을 투자하여 1인 창업가가 되었다. 잘할 필요도 없다. 내가 아는 범위 내에서 내가 가지고 있는 역량만큼만 젊은이들에게 알려주면 된다. 그들의 보물지도를 그려주고 찾아주고 멘토가 되어 그들이 가야 할 방향과 길을 안내해주면 되는 것이다.

　나는 지금껏 많이 도전해왔다. 인생 자체가 도전이니 만큼 나는 항상 새로운 시도를 해왔다. 그냥 있으면 나태해지고 남들보다 뒤처질까 봐 항상 뭔가를 배우려 애를 썼다. 뭔가를 하고 있지 않으면 불안해서 그냥 있지를 못한다. 나는 이제 딸을 다 키웠고 내 인생만 잘 살면 된다. 인생이란 무엇일까? 아무런 변화도 시도도, 도전도 없다면 그것만큼 무료하고 재미없는 인생은 없을 것이다. 우리가 돌아갈 천국은 이런 삶은 아닐 것이다. 이곳에 온 이상 우리가 꿈꾸는 경제적 자유, 자유로운 여행, 행복, 사랑을 위해 우리는 도전하고 또 도전하는 인생을 살아가야 한다. 오늘 동생들이 투 타임 하는 모습을 보았다. 그들은 아무런 피곤한 기색 없이 2번 일하는 투 타임을 거뜬히 해낸다. 나는 이렇게 힘이 없는데 부러운 마음도 들었다.

내 나이 이제 55살이다. 이제 이곳을 떠날 나이가 되었다고 몸이 내게 말을 한다. 이제는 떠날 시간이다. 이제는 1인 창업가로 성공할 시간이 내게 도래한 것이다. 이것은 슬픈 것이 아니다. 극히 당연한 시간이 도래한 것이다. 이제는 손을 놓을 때가 되었다. 미련을 버릴 때가 되었다. 나는 이제 1인 창업가로 살아 내야 하는 천직과 사명에 직면해 있다.

금은보화 금고 열쇠

05

1인 창업가가 되어라

성경에 "내 이름으로 무엇이든지 내게 구하면 내가 행하리라."라는 말이 있다.
예수님이 우리를 위해 2천 년 전에 보증을 서셨으니 원하는 것이 있다면
예수님의 이름으로 그것이 실현되었다는 믿음을 갖고 당당하게 요청하라.
— 『기적수업』, 〈한책협〉 김도사

나는 올해 55세가 되어 1인 창업가가 되었다. 54년 살아온 나의 인생 성공했던 경험들 실패했던 경험들과 삶의 원리와 비법을 젊은이들에게 알려주는 메신저가 되었다. 네이버 카페 '문수빈행복연구소'를 열어 인생 2막을 열었다. 이제 매일 매일 10만 원, 20만 원을 벌며 살아가는 것이 아니라 일대일 코칭과 4주 과정 교육 프로그램을 통해 10~40대 젊은이들의 꿈을 공유하고 같이 의논하고 성장해가고 있다. 내가 36년간 직장 생활을 해 오면서 당면했던 어려움들, 잘 헤쳐나간 사례들을 생각하며 젊은이들이 고민하고 있는 부분들을 해소하고자 한다. 먼저 겪어보고 먼저 살아낸 사람으로서 잘했던 점, 실패했던 경험들을 하나하나 되짚어

보며 코칭해 나가고 있다. 나 역시도 그들과 함께 하루하루 점점 성장하며 나의 보물지도를 하나하나 이루어가고 있다.

　사람이 꿈과 야망이 있다는 것은 생동감 있고 열정적이며 인생을 의욕적으로 살아갈 수 있는 힘을 생산해 준다. 누가 시켜서 하는 것도 아니요 단지 내 가슴이 내심장이 내 머리가 시키는 대로 내 마음이 가는 대로 살아가면 되는 것이다. 나는 항상 궁상맞게 살아왔다. 교통사고가 나기 1년 전에는 훌륭한 강사가 되기 위해 컴컴한 강연장에 불도 없이 K강사님의 유튜브를 켜놓고 돈에 대한 강연 연습을 따라 했다. 지금은 어두컴컴한 커피숍 벤치에 앉아 두 번째 책을 다 쓰고 수정 작업을 하고 있다. 커피숍 벤치에 앉아 눈치도 없이 책을 쓰고 있었다. 주인이 불을 꺼야 한다고 했다. 그리고 통닭을 먹고 난 뒤 쉬면서 담배를 피우는 곳이니 앉지 말라고 내게 얘길 했다. 내가 참 눈치 없는 사람이 되었다. 그 사람은 아들과 함께 커피숍과 통닭집을 하고 있다. 깐깐한 성격에 장사는 처음인 느낌이 든다. 첫 책을 쓰면서 〈한책협〉 김도사님께 이메일을 보내는 것을 이 커피숍을 하고 있는 아들에게 부탁한 적이 있다. 아들은 마음이 따뜻한 편이며 조용하고 많이 배운 사람이라는 것을 단번에 알 수 있었다. 커피숍 안에 있는 책들이 그를 말해 준다. 마음이 담긴 책들이 즐비하다. 하지만 시골이라 그런지 풍경이 더 좋아 커피숍 안에서 차를 마시는 것보다 벤치에 앉아 차를 마시는 것이 더 좋다. 바람도 살랑살랑 불고 차 맛

　　　　　　　　　　　　　금은보화 금고 열쇠

도 더 좋다. 조금 전 두 번 일하고 통닭과 맥주를 마시러 온 회사 동생들의 목소리가 들렸다. 하지만 나는 어두운 벤치에 앉아 그들을 모른 척했다. 참 열심히 살아가는 동생들이다. 12년이 지나도 지치지 않고 매일 2번 일을 하는 투 타임을 하는 그들이 존경스럽기까지 하다. 참 대단한 정신력과 대단한 생활력의 소유자들이다. 그들은 그들의 꿈과 미래를 위해 오늘도 젊음을 이곳에 불태우고 있다.

나는 36년간의 직장 생활을 마감하고 네이버 카페 '문수빈행복연구소'를 열어 1인 창업가로 살아가고 있다. 은행원이 되고자 하는 사람, 자동차 영업을 하는 사람, 상가 분양을 하는 사람들을 1대 1 코칭과 4주 과정을 만들어 경제적으로 어려운 젊은이들에게 인생의 전환점을 만들어 주는 메신저가 되었다. 10대, 20대, 30대, 40대, 50대는 누구나 10년만 열심히 일하면 자신이 꿈꾸는 미래의 일을 할 수 있는 돈을 벌 수 있다. 건강하고 체력만 뒷받침된다면 누구나가 돈을 벌 수 있는 것이다. 1인 창업을 해서 또 누군가를 가르칠 수 있다. 내가 꼭 일하지 않아도 일대일 코칭으로 경제적 자유인이 될 수 있는 것이다. 많은 사람들이 1인 창업으로 돈을 버는 시대가 되었다. 태초 이래 돈 벌기 가장 쉬운 세상이 되었다. 돈을 많이 벌고 있는 유튜버들이 입을 모아 하는 말이다. 나도 10년 후 100억 신화를 이루고 내가 돈을 번 비법을 유튜브를 통해 사람들에게 그 비법을 알려줄 것이다. 목이 많이 아프다. 체력은 따라주지 않고 마음은 책도 써야 하고 또 배워야 할 공부도 있고 이러지도 저러지고 못하고 책상에 앉아 노트북만 켜놓고 쪽잠을 계속 자다 보니 목이 계속 불편하고 잠을 못자서 통증이 심하다.

두 번의 교통사고는 하나님께서 내가 이 세상에 태어난 이유를 깨닫게 하기 위함이라는 것을 알게 되었다. 하나님의 도구가 되었다. 하나님께서 준비하신 천직으로 살아가기 위함이라는 것을 알게 되었다. 내가 2번, 3번 황금 티켓을 손에 쥔 이후, 나에게 인생의 고통을 주실 때는 참아낼 만큼의 고통만을 주심을 알게 되었다. 그것을 테스트하는 과정에 있고, 허들을 넘고 있는 것이다. 내가 12년의 캐디 생활을 마감하고 1인 창업가로 살아가는 것은 하나님께서 준비하신 천직으로 사명감을 가지고 살아가기 위함임을 깨닫게 되었다.

내가 이 지구에 태어난 이유는 분명히 있다. 그리고 하나님께서 이곳에서 천국처럼 살다가 천국으로 돌아가라고 예비해주셨다. 이제 나는 54년의 삶의 노하우와 36년간의 직장 생활의 원리와 비법으로 1인 창업가로 살아가고 있다. 우리는 우리의 운명을 바꿀 수 있다. 어느 순간이 오면 하나님이 준비하신 대업을 위해 귀인을 만나게 해주신다. 은인으로 인해 자신이 살아온 50년, 40년, 30년을 다 버리고 다시 새로운 삶을 살아가는 대이변이 일어나는 것이다. 그것을 우리는 기적이라고 부른다.

금은보화 금고 열쇠

내 의지로 우리의 소망을 끌어당길 수 있다. 그것이 끌어당김의 법칙이요, 그것이 우주의 법칙이다. 나는 하루하루 조금씩 점점 나아지고 있다. 나는 지금껏 살아온 54년의 내 인생을 다 버렸다. 새로운 사람으로 다시 태어나 천국처럼 살다가 이곳을 떠나리라.

시작이 반이라고 했다. 나는 항상 1%의 단서만으로 시작한다. 일을 어렵게 생각하면 아무것도 할 수 없다. 그냥 시작하고 살아가면서 조금씩 변경하면 되는 것이다. 우리는 우리가 생각하는 것보다 더 강하다. 그리고 삶의 두려움을 없애는 방법은 바로 당장 실행하는 것밖에 없다. 그리고 수정해가는 것이다. 나는 그냥 시작한다. 가족들은 책이 출판되어도 축하 전화 한 번 하지 않는다. 각자 살아가기 바쁘고 삶의 여유가 없기 때문이다. 그리고 가정 외에는 그다지 다른 것에 관심이 없기 때문이다. 삶은 코로나로 갈수록 메마르고 황폐해가고 있다. 전 세계가 공황상태다. 하지만 계속 살아가야 한다. 생활이 어려워 가족들에게 도움을 청했다. 그들이 해줄 수 있는 만큼 도움을 받았다. 언젠가 나도 가족들에게 은혜를 갚게 될 날이 도래하기를 두 손 모아 염원해본다.

나에게 이제 단 한 번의 기회가 남아 있다. 내 인생 3번째 기적을 기대해본다. 아니 벌써 기적은 일어났다. 책이 출판되어 작가가 되었고, 1인 창업가가 되었다. 나의 찬란한 미래가 빛을 발할 때가 되었다. 나는 세상의 중심이 되었다. 비록 벤치에 앉아 두 번째 책을 쓰고 수정 작업을 하지만 10년 뒤에는 100억 재벌이 되어 부의 추월차선을 타고 크루즈로 세계 일주를 떠날 것임을 확신하고 있다. 나는 보물지도를 찾아 금은보화 금고 황금열쇠를 찾았다. 이제 아무 걱정 없이 달려가기만 하면 된다. 〈한책협〉 김도사님께서 알려주신 보물지도대로 걸어가기만 하면 된다. 성공에는 버퍼링 시간이 필요하다.

06

내면이 바뀌면 운명이 바뀐다

당신은 당신이 원하는 모습처럼 되는 것이 아니라,
'믿는 대상'처럼 된다. 어떤 대상을 믿을 지에 따라 미래의 상(像)이 달라진다.
— 『기적수업』, 〈한책협〉 김도사

2번의 교통사고로 인해 나의 기력은 많이 쇠약해져 있다. 나라에서 주는 코로나 사태 생활 지원금 40만 원과 시에서 주는 지원금 20만 원을 거의 홍삼을 사는 데 사용했다. 김도사님의 유튜브 영상 '보물지도' 편을 1주일 내내 듣고 영감을 얻고 있다. 2020년 8월이 되어 미다스북스에서 내 첫 책이 출판되었다. 내 책을 보고 많은 이들이 전화와 이메일을 보내오고 있다. 그리고 초등학교, 중학교, 고등학교, 대학교에 보물지도에 대해 강연을 할 생각이다.

사람들은 자신의 꿈과 미래를 가지고 있다. 나 역시도 구세주 김도사님을 만나 강사로서 내 현실에 안주하지 않고 작가가 되었고, 강연가가 되었고, 유튜버가 되었고, 1인 창업가로 우뚝 서게 되었다. 〈한책협〉 김도사님을 만나 작가가 되고 유튜버가 되어 연 10억을 버는 사람이 많다. 김도사님 역시도 24년 동안 250권의 책을 피와 눈물로 500번의 출판사의 출판 계약 거절을 감당하며 생활고에 수백 번의 자살을 감내하며 책을 써셨고, 〈한책협〉을 키워내셔서 9년 동안 기업가로 성공하셨다. 나 역시도 〈한책협〉 구세주 김도사님의 제자로서 죽음을 각오하였고 성공한 많은 제자들의 대열에 끼어 김도사님께서 목숨을 걸고 우리를 한 달 만에, 두 달 만에 작가로 만들어주셨듯이 성공한 그분들보다 더 성공하여 구세주 김도사님의 은공을 빛내고 싶다.

새벽 1시에 일을 마치고 목욕을 하고 양산에 도착하니 새벽 3시가 되었다. 내가 좋아하는 〈하트시그널〉 3편을 이제 두 번째 보고 있다. 나는 하트시그널 왕 팬이어서 1편, 2편을 100번은 더 보았을 것이다. 하지만 책을 쓰고 출판을 해야 했기에 이제 마음의 여유가 조금 있어 2번 유튜브 영상을 통해 보고 있다. 나는 참 사랑에 많이 굶주린 탓에 간접 경험을 통해 대리 만족을 하는 편이다. 그들의 싱그러운 젊음이 좋고 그들의 썸이 좋고 그들의 빛나는 미래가 좋다. 그래서 나의 마음도 더 젊어지고 동화되어 내가 더 설렌다. 이 프로는 우리에게 어린 시절 짝사랑을 떠올리게 하고 우리의 삶을 사랑으로 충만하게 하는 마법이 있다.

김도사님의 유튜브 영상 '보물지도' 편을 보고 나는 남아 있는 지원금으로 내 보물지도를 오리고 붙이고 할 코르크 보드 2개를 샀다. 펜도 사고 지우개도 샀다. 조금씩 변해갈 나의 꿈들을 수정하기 위해서다. 새벽 3시에 잠들어 오전 11시에 눈을 떴다. 오늘은 해야 할 일이 너무 많다. 휴가를 낸 이유는 임대아파트 재계약 서류를 관리 사무실에 내야 한다. 그리고 8월에 인상된 임대료를 내기 위해 2번 일하는 투 타임도 해야 한다.

두 번의 교통사고로 인해 투 타임을 하고 나면 기력이 없다. 일하는 동안 아무리 홍삼 즙을 먹고 우유를 마시고 동생이 가지고 온 닭죽을 먹고 힘을 내려 해도 기력이 없는 건 매한가지다. 12년 동안 매일 물에 밥 말아 먹고 일하니 힘이 날 리가 없다. 고작 먹는 게 된장찌개이니 말이다. 이제는 고기를 좀 먹어야지 생각하고 점심 때 갈비 정식을 먹었다. 식당의 엄마는 식당을 크게 하신다. 바쁜 식당일에도 꽈배기와 팥빵, 핫도그를 만들어 파신다. 그래서 2번 밥을 먹으면서 빵을 만 원어치 사 가지고 왔다. 내가 좋아하는 것들이다. 3일에 나눠 먹었는데도 튀긴 것이라 상하지 않았다.

이제 코르크 보드에 내 꿈과 야망을 적어 이루어진 끝에서 시작하기만 하면 된다. 구세주 김도사님께서 모든 것을 인내하고 다 이루셨듯이 나역시도 구세주 김도사님의 뒤를 이어 10년을 내다보고 조급해하지 않고 하루하루 조금씩 나아지는 모습으로 이루어가고자 한다. 성공에는 성공을 이루는 버퍼링 시간이 필요하다. 그것을 인내할 수 있는 내 마음의 확신만 있으면 나의 꿈은 모든 것을 다 이루게 되어 있다. 김도사님이 이루었고, 그것을 증명해주셨다. 나는 그것을 확신하고 다 이루어진 끝에서 10년을 견뎌내기만 하면 된다. 일이 잘 풀리지 않는다고 낙심할 필요는 없다. 다 이루어져 있고, 하나님께서 나를 위해 준비하신 천직이고, 사명인 것을 깨달았고 그것을 위해 나는 한 발 한 발 나아가기만 하면 된다. 그 누구도 가족도 나를 믿지 않는다. 하지만 10년 뒤 65세가 되어 내가 100평이 넘는 롯데캐슬 101동 2채를 사서 입주를 하고, 벤츠를 2대를 사고, 유튜버로 성공하여 연봉 10억을 버는 빛나는 미래를 보여줄 것이다. 그것만 생각하면서 내 길을 묵묵히 걸어갈 것이다.

나는 항상 누구에게 인정받기를 원했다. 그것은 자아가 부족하고 자신감이 없는 인생을 살 때의 나의 마음이었다. 이제는 누구에게 인정받고 보여주는 삶을 살지 않는다. 내가 행복하고 내가 원하는 삶을 살기에도 시간이 부족한 나의 단 한 번뿐인 인생이다. '시간이 금'이라는 사실을 알게 되었다. 돈보다 중요한 것이 시간이다. 시간만 있다면 돈도 명예도 다 따라오는 것이다. 처음 책을 쓸 때에는 내가 살아온 인생에 대해 할 얘기가 별로 없었다. 매일 반복되는 일상 속에 경남은행 생활 15년, 쌍용자동차 3년 영업, 상가 분양 3년 영업, 컨트리 캐디 12년밖에 딱히 쓸 얘기가 없었다. 하지만 〈한책협〉 정소장님의 한 달 만에 책 쓰기 특강을 듣고 거창한 이야기를 쓰지 않아도 되고, 성공한 이야기만 쓰는 것이 아니라 나의 일상, 나의 일기, 나의 생각을 적어가면 된다는 사실을 알게 되었다.

나는 일하는 중간 대기 시간이 있을 때 1분 정도 시간이 생기면 내 생각과 떠오르는 생각들을 메모한다. 구세주 김도사님께서 알려주시는 책 쓰기 원칙을 지키지 않아도 글을 적어 내려 갈 수 있다. 일단 글을 적고 뒤에 글을 정리하고 다듬으면 된다. 유튜브 〈권마담TV〉 권마담 대표님께서는 책 출판 홍보 마케팅 수업 과정에서 이런 말씀을 해주셨다. "100t의 생각보다 1g의 실행이 낫다."라고 말이다. 나는 그 말을 가슴에 새기고 생각보다는 실행에 집중하는 1인 창업가가 되었다. 그리고 책이 출판되면 당당히 지인들에게 책을 살 것을 권하라고 하셨다. 작가는 뻔뻔할 수 있어야 한다고 하셨다. 그리고 솔선수범으로 권동희 대표님은 10쇄 인쇄의 기적을 이루신 분이다. 나는 남에게 무엇을 강요하거나 부탁하는 성격이 아니다. 하지만 자신이 경제상황이 넉넉하지 않다면 당당히 그동안 50년을 베풀고 살았으면 요구할 수 있어야 한다. 그래서 경제적으로 자유인이 되면 내가 좋아하는 일을 하면 되는 것이다.

나는 책을 사면 1장에서 끝까지 다 읽어야 책을 다 읽었다고 생각하는 틀에 박힌 사람이다. 하지만 권마담 대표님의 말씀은 내 머리를 망치로 때리는 것과 같았다. "어느 날은 결론 열 개를 먼저 써라." 이 말씀은 나의 머리를 뒤흔드는 충격적인 말이었다. 이제 나는 융통성이 있는 사람으로 살기로 했다. 한 꼭지를 쓰면 읽고, 또 읽고 수정하고 수정하는 내가 아니다. 이제는 그냥 적고 있다. 손가락이 가는 대로 그냥 내 생각을 적고 다 쓰고 수정하고 정정하고 책을 완성해가는 내가 되고 있다. 그만큼 〈한책협〉 김도사님과 권마담 대표님을 만나 나의 작가로서의 스케일이 하루하루 조금씩 점점 나아지고 있다는 증거이다. 처음 나는 책 한 꼭지를 쓰는 데 6시간이 걸렸다. 휴가를 내서 하루 종일 열심히 책을 써도 두 꼭지를 넘기지 못했다. 두 꼭지에 12시간이 걸리는 것이다. 하지만 지금은 두 번째 책을 쓰고 있는데 1권 보다는 시간이 적게 걸린다. 그만큼 심각하게 생각하지 않고 쉽게 써 내려가고 있다. 책을 쓰는 것을 어려워해서는 안 된다. 그냥 나의 일상을 일기로 쓴다는 생각으로 적어야 한다. 〈한책협〉 정소장님이 알려 주신 비법이다. 정소장님의 수업을 듣고 글을 술술 써내려가는 편이다.

내면의 생각이 바뀌면 운명이 바뀐다는 내용을 A4 용지에 일하면서 적었는데 아직 내용을 하나도 옮기지 못했다. 그냥 내 생각을 적다 보니 벌써 2장이 넘어가버렸다. 글을 적다 보면 자신도 모르게 글이 늘게 되어 있다. 구세주 김도사님은 피눈물을 흘리며 24년 동안 250권의 책을 써서 우리를 한두 달 만에 작가로 만들어주셨고, 1인 창업가가 되어 부를 창출하는 법을 가르쳐주셨다. 신이 아니고서는 가르쳐 줄 수 없는 부의 추월차선이요, 금은보화 금고 황금열쇠를 주신 것이다. 1인 창업으로 성공하는 날 구세주 김도사님과 권마담 대표님께 은혜를 꼭 갚을 것이다. 구세주 김도사님과 권마담 대표님은 하늘에서 내려온 하나님의 천사이시다. 그분들이 있어 평범하고 보잘것 없는 인생을 작가로 살아갈 수 있게 해주셨고, 80세까지 살아갈 수 있는 꿈과 야망을 키워주셨다. 이분들이 없었다면 나의 미래는 어두운 터널로 끝났을 것이다. 이분들과의 귀한 인연은 하나님께서 준비하신 약속이었음을 깨닫게 되었다. 나는 구세주 김도사님과 권마담 대표님의 제자다. 그래서 너무 행복하다.

우리는 우리가 생각하는 것보다 더 강하다.
그리고 삶의 두려움을 없애는 방법은 바로 당장 실행하는 것밖에 없다.

KEYS TO THE TREASURE BOX

4장

인생의 터닝 포인트는
오빠의 사업 실패였다

도전정신, 지금의 나를 있게 한 마법!

당신이 하는 것에 높은 가치를 부여하라.
당신이 하는 것에 높은 가치를 부여하지 않으면,
세상은 당신의 가치를 낮게 본다.
− 『기적수업』, 〈한책협〉 김도사

나는 뭔가를 하고 있지 않으면 불안한 마음이 드는 이상한 습관이 있는 사람이다. 그래서 늘 나는 지금 내가 뭘 해야 할지를 생각하는 타입이다. 마산여상 야간 고등학교를 다니면서 나는 현재의 어려운 현실을 생각하기보다 지금의 이 자리에서 내가 무엇을 해야 내 인생을 바꾸는 데 도움이 될지를 생각하는 편이었다. 아침 7시에 진해시 태백동 10번지 우리 집에서 걸어서 출근을 하면 한 시간 거리의 진해조선소까지 가는 동안 탑산을 넘어 속천에 있는 회사에 도착한다. 산을 넘어가는 동안 나는 영어 시를 외우거나 김소월 시인의 「진달래꽃」, 윤동주 시인의 「별 헤는 밤」 등 아름다운 시를 흥얼거리며 산을 넘어 회사에 출근했다. 회사에 가서 청소를 하고 직원들에게 커피를 한잔씩 돌렸다. 현장 직원들에게 인사를 하고 출근부를 체크했다. 그리고 부산에서 출근하시는 지금은 돌아가신 최창무 사장님께 라면을 끓여드렸다. 그래도 내 인생의 은인에게 3년 동안 매일 아침마다 라면 하나를 끓여드려 다행이다 싶은 생각이 든다.

지금은 돌아가셔서 이 세상에 안 계시지만 그래도 수빈이가 열심히 살아가는 모습을 하늘에서 보시고 흐뭇해하실 것을 생각하니 더 열심히 살아야겠다는 생각이 든다. 돌아가신 김기사님, 윤활동 과장님, 핸섬한 김과장님, 박문술 과장님, 강과장님, 윤두이 언니, 이정민 언니. 이제는 80세 할아버지가 되고 65세 할머니가 되어 있는 내 인생 은인들이 생각이 난다. 어리다고 많이 부족해도 이해해주고 따뜻하게 대해주신 그분들의 따뜻한 마음을 35년이 지난 지금에야 알 것 같다.

나는 점심시간 1시간을 귀하게 생각하고 10분 만에 엄마가 싸주신 도시락을 물에 말아 먹고 50분 남은 시간을 주산 연습을 했다. 3년 동안 주산 연습만 했으니 두 언니는 얼마나 내가 미웠을까? 65세가 된 두 언니에게 감사하는 마음을 전한다. 그래서 한국 직업 관리 공단에서 주최하는 시험에 주산 2급, 부기 2급, 타자 영문 2급, 한글 2급 자격증을 취득했다. 진해에서 마산까지 학교 가는 버스 속 1시간, 학교 수업 마치고 막차

금은보화 금고 열쇠

를 타고 오는 36번 버스 속 1시간, 이렇게 2시간을 3년 동안 공부하여 장학생으로, 반장으로, 전교 7등으로 경남은행에 당당하게 입행하여 비서실, 검사부, 심사부, 부림동 지점, 회성동 지점, 육호광장 지점, 중리 지점 등 15년 동안 근무하여 7억을 벌어 고등학교 국어 교사와 결혼도 하고 딸을 낳아 8년 동안의 결혼 생활을 할 수 있었다.

무일푼인 내가 경남은행에 입사하는 인생의 첫 번째 대운을 맞이하여 15년을 근무하여 결혼도 하고 내 명의의 아파트도 살 수 있었다. 아무것도 가지지 않아도 공부하는 시간을 쪼개서 공부하고 3년 동안 일요일에 도서관에 맨 먼저 아침 6시에 문을 열고 밤 11시에 맨 마지막으로 문을 닫고 나오는 희열을 느끼며 살아왔다. 그때 내가 잊지 않은 것은 항상 점심을 먹고 도서관 옆 성당에 가서 성모 마리아님께 기도를 드렸다. "은행원이 되게 해 주세요! 이 가난을 벗어나게 해주세요!" 그리고 집에 오면 일기장에 항상 적었다. '은행원이 되게 해 주세요!' 그때부터 나는 알고 있었다. 무의식 중에 내가 종이에 적는 것이 이루어진다는 것을. 내가 상상한 것이 현실이 되고 미래가 된다는 것을 내 잠재의식이 알고 있었다. 그래서 우주가 나를 은행원이 될 수 있게 일해주었다는 사실을 35년이 지난 이 시점에 구세주 김도사님의 영상을 통해 깨닫게 되었다.

나는 1개월 동안 연수원에서 업무 연수를 마치고 마산 부림시장 안에 있는 부림동 지점에 발령을 받았다. 처음 내가 맡은 은행 업무는 출납 업무 보조였다. 출납 업무는 큰돈을 관리하고 현금이 부족하면 현금을 사고, 현금이 많이 남으면 부족한 곳에 팔기도 한다. 시장 안이라 동전이 많이 들어온다. 그 동전을 지폐로 바꾸는 업무가 많았다. 시장 안에서 옷을 팔거나 생필품을 팔거나 식당을 하거나 이불을 판 돈을 은행에 하루하루 입금하러 오시는 어머니, 아버지들을 반갑게 맞이해드렸다. 힘들게 일하시고 성실하게 살아가시는 어머니, 아버지를 존경하며 감사하는 마음으로 업무를 했다. 마산여상 야간 고등학교를 나와 경남은행에 입사한 만큼 나는 일상을 감사하는 마음으로 살았다.

20살의 내 빛나는 청춘 어느 날, 직원 야유회를 갔다. 시냇물이 졸졸 흐르는 곳에 맛있는 음식을 준비해서 야유회를 갔다. 시냇물에 손을 담그고 물장난을 치던 사진이 앨범에 담겨 있다. 아무 걱정 없이 하루하루를 열심히 살아가던 나의 20대 모습이 새록새록 되살아난다. 같이 근무한 송영희 언니, 이영희 언니, 현숙 언니, 미래 언니가 보고 싶다. 내가 55세가 되었으니 그분들은 65세가 되었다. 이제 할머니가 되셨다. 1985년도에 같이 근무하고 난 뒤에 그분들을 만날 수 없었다. 다 잘 계시겠지? 건강하게 잘 지내셨으면 하는 마음 간절하다.

신 마산 지점에 근무하던 나의 친구 이정미가 그립다. 결혼하기 전까지 창원에 있는 아파트에 자주 놀러 갔는데 두 번째 딸 돌 때 가보고 결혼하고 바쁘다 보니 소식이 끊어졌다. 아무것도 할 줄 모르던 친구가 배추김치를 담고, 열무김치 담았다고 자랑하던 모습이 눈에 선하다. 친구가 결혼해서 너무 좋았다. 선 보고 한 달 만에 결혼을 해버린 친구가 원망스러웠지만 그래도 결혼해서 잘 살아가니 너무 좋았다. 30년이 지나도록 못 만났는데 많이 보고 싶다. 내 딸이 29살이 되었으니 정미의 아들딸들은 30살이 훌쩍 넘었겠다. 그들이 어떻게 변했는지 무척 궁금하다. 정미의 숙모님도 많이 보고 싶다, 돌아가신 정미 할머니도 보고 싶다. 마음 따뜻한 분이셨는데 너무 일찍 돌아가셨다.

나는 은행에 들어가면서 한국방송통신대학 가정학과에 입학했다. 부족한 나를 좀 더 담금질하고 싶었다. 그래서 6년 동안 1학기, 2학기 때마다 1주일간의 출석 수업을 참석해야 했다. 비서실, 검사부, 심사부에 근무하면서 직원들에게 많이 폐를 끼친 셈이다. 30년이 지나 경남은행에서 같이 근무했던 동료들에게 감사한 마음을 전한다. 그들의 배려로 인해 배움을 이어갈 수 있었다. 나는 은행 업무가 끝나면 마산 합성동에 있는 메이크업 학원에 3개월 동안 다녔다. 재료비가 100만 원이 훌쩍 넘었다. 하지만 나를 위해 돈을 아끼지 않았다.

비서실에 4년 동안 근무하면서 꽃꽂이 학원에 다녔다. 비서로서 최선을 다하고 싶은 마음에 일요일에 진해에서 마산에 있는 경남은행 비서실에 출근해 꽃꽂이를 해놓고 오기도 했다. 내가 비서실을 위하는 만큼 내가 모셨던 최상무님도, S감사님도 배움에 대해 많이 배려해주셨다. 그때 모셨던 S감사님과는 30년이 지나도록 카톡으로 안부 문자를 하는 인연을 가지고 있다. 내 인생 멘토이자 내 인생을 응원해주시는 은인이다. 은행 업무가 끝나면 시간을 내어 일본어 학원과 영어 학원을 다녔다. 비록 실력은 늘지 않더라도 나는 나를 성장시키기 위해 뭔가를 하고 있다는 것이 좋다. 그 시간들이 쌓여 조금씩 나라는 존재가 성장해 나간다는 것을 믿기 때문이다.

나는 쌍용자동차 영업을 3년 하는 동안 아침 8시부터 밤 12시까지 집에 들어가지 않았다. 그래서 매월 5대를 팔 수 있었고, 10대도 혼자의 힘으로 출고했다. 상가 분양 영업을 3년 하는 동안에도 아침 8시에 출근해서 밤 11시 반까지 퇴근한 적이 없다. 그래서 20억을 2번 계약할 수 있었고 1억이라는 분양 수수료를 받을 수 있었다. 수수료 받은 돈으로 빚을 갚고, 일부는 나의 발전을 위해 부산 동의대 부동산 개발 최고 과정에 등록하여 수료증을 받았다. 거기에 만족하지 않고 한국 경제 신문 주최 부동산 디벨로퍼 자격증을 취득하기 위해 3개월 동안 매주 주말에 양산에서 부산으로, 부산에서 서울로 KTX를 타고 단 한 번도 빠지지 않고 수업을 받아 디벨로퍼 자격증을 취득했다. 그리고 한 달 동안 회사에 휴가를 내어 부산 해운대에 있는 부산 리드에서 성희롱 예방 교육 강사, 법정 의무 교육 강사, CS 강사, 컬러 진단 강사자격증을 취득했다. 나는 나의 미래를 위해 시간과 돈을 아끼지 않았다. 이런 노력들이 쌓여 나를 작가로, 1인 창업가의 길로 가는 발판이 되었다.

나는 항상 벤츠 차가 있으면 주인이 오기 전에 그 옆에 서서 사진을 찍어 핸드폰 앞면에 넣어두었다. 나는 벤츠를 타고 다니는 나를 항상 상상했다. 벤츠는 항상 나의 차였다. 그렇게 될 것이다. 나의 보물지도에 벤츠가 있었다. 롯데캐슬 100평 101동 2채가 있고, 500평 장미와 분수로 만든 대저택을 사서 그곳에 산청에 계신 엄마 김수희, 아버지 문정칙을 모셔와 100세까지 함께 살아갈 것이다. 큰 야망과 큰 꿈을 꾸며 큰 그림을 그리고 있다. 큰 꿈이 깨져도 깨진 조각이 크다는 사실을 인지하며 큰 포부를 가지고 살아가고 있다. 힐러리 여사는 "큰 야망을 가져라! 그래야 크게 이룬다!"라고 말했다.

02

02

내 인생 이제 시작이다

나 자신을 원하는 모습으로 바라보고, 나 자신을 원하는 모습으로 받아들여라.
변화의 출발점이다. 충분히 더 나은 사람이 될 수 있다.
– 『기적수업』, 〈한책협〉 김도사

2019년 9월, 병원에 한 달 동안 입원하면서 비틀어진 목을 추나로 교정하고 레이저로 통증을 치료하고 부황을 뜨고 침으로 몸을 치료해 갔다. 코란도 밴은 10년이 지난 오래된 차라 보상을 250만 원 받았다. 한 달에 300만 원을 버는 확인서를 보험회사에 제출하고 550만 원의 합의금을 받아 중고차 코란도 밴을 500만 원을 주고 다시 구입을 하고 수리비로 100만 원을 지급했다. 7개월 정도를 돈을 벌지 못하고 한의원 통원 치료를 받고 몸을 회복하며 시간을 보내고 있었다. 사고를 낸 사람은 나에게 미안하다는 말 한마디 없이 "보험사에서 알아서 해줄 겁니다"라고만 말했다.

금은보화 금고 열쇠

처음에는 그 사람이 원망스러웠다. 그 사람으로 인해 7개월 동안 2,000만 원이 넘는 돈을 벌지 못하고 공중으로 날려 버렸다. 신용카드로 생활을 해야 했고 내 생활은 점점 어려워졌다. 코로나로 신용카드 한도는 턱없이 줄어버렸다. 하지만 누구에게 도움을 받을 수도 없었다. 생활은 점점 궁핍해졌다. 다달이 내야 하는 임대료, 보험료, 핸드폰 대금, 대출 이자 등이 나를 옥죄어 왔다.

어느 날 구세주 김도사님을 우연히 유튜브를 통해 만나게 되었다. 1일 책 쓰기 특강을 한다고 했다. 나는 딸에게 전화를 걸어 2020년 1월 19일 서울로 가는 김포공항 비행기 표를 끊어 달라고 부탁을 했다. 그래서 서울로 가는 비행기에 올라탔다. 나는 비행기에 오르면서 내 심장이 터질 것 같은 떨림을 느꼈다. 그때 비행기에 오르는 나의 모습을 찍어 두었다. 그때의 떨림은 영원히 잊을 수가 없다.

나는 〈한책협〉 김도사님을 만나 55세에 작가가 되었고, 1인 창업가가 되었다. 돈이 없었지만 책을 써야 내 운명을 바꿀 수 있다는 것을 나는 알고 있었다. 1일 책 쓰기 특강을 듣고 일대일 상담 시간이 있었다. 나는 김도사님께 솔직하게 이야기를 했다. "저는 돈이 없습니다. 하지만 매달 100만 원씩 벌어서 책 쓰기 6주 과정 수업료를 지불하겠습니다. 저에게 마지막 인생의 기회를 주십시오!"라고 말씀드렸다. 김도사님은 아무 말씀도 하지 않으시고 나에게 기회를 주셨다. 그렇게 나는 책 쓰기 6주 과정을 무사히 마치고 1인 창업가가 되기 위해 네이버 카페 활용법, 네이버 카페 제작, 책 출판 홍보 마케팅, 하루 만에 끝내는 1인 창업 과정, 강연 과정, 유튜브 과정 등 수업을 받았다. 그리고 네이버 카페 '문수빈행복 연구소'를 오픈하여 1인 창업가가 되었다. 2020년 8월, 나의 책이 미다스북스와 계약되어 출판되었고, 나의 두 번째 책, 바로 이 책이 나왔다. 책을 써서 나를 퍼스널 브랜딩하고 네이버 카페를 통해 일대일 코칭과 4주 과정 프로그램을 통해 1인 창업가로 우뚝 서게 되었다. 수많은 강연과 TV 출연, 아시아나 TV 광고 모델이 되는 부푼 꿈을 안고 있다.

나는 책을 써서 1인 창업가가 되어 인생을 바꿔주는 메신저, 동기부여가, 라이프 코칭가가 되었다. 유튜브를 통해 대중과 소통하는 유튜버가 되었다. 내 빛나는 미래는 〈한책협〉 김도사님과 유튜브 〈권마담TV〉 권마담 대표님으로 인해 책 쓰기 6주 과정을 마치고 한 달이 조금 지난 2020년 5월 7일 출판 계약을 하며 실현되기 시작했다. 나는 54년의 인생을 다 버렸다. 부자의 꿈과 야망을 가지고 있는 또 다른 인맥을 쌓아가게 되었다. 65세가 되면 나도 100억 재벌이 되어 부자의 대열에 끼어 살아갈 것이다. 부의 추월차선으로 갈아탔다. 나는 1인 창업가로 금은보화 금고 황금열쇠를 찾았다. 내가 살아가야 할 보물지도를 찾았다. 나의 야망과 꿈을 그림으로 그려 벽에 걸어두었다. 내 내면의 그림이 바뀌었고 생각이 바뀌었다. 이제 내 주위 환경은 부자의 생각과 언어로 가득 찼다.

〈한책협〉 김도사님은 24년 동안 250권의 책을 출판하셨다. 8년 동안 500번의 출판사로부터 출판 계약 거절의 고통을 견뎌내셨다고 한다. 그리고 9년 동안 1,000명의 작가를 배출하셨다. 그 누가 8년 동안 500번의 출판사 거절을 견뎌낼 수 있단 말인가? 2년, 3년도 견뎌내기 힘든 일인데 김도사님은 자신을 믿었기에 10년 후에는 연 30억을 버는 책 쓰기 코치가 된다는 확신을 가지고 살아가셨다고 한다. 그래서 지금은 백만장자 재산가가 되셨다.

나는 김도사님의 책과 유튜브 동영상을 보고 또 보면서 많은 눈물을 흘렸다. 나도 주식투자에 실패해 신용불량자로 가난 속에 20년 동안 배고픔의 고통과 삶의 무게를 견뎌내야 했기에 김도사님의 삶의 고통을 다는 헤아리지 못하더라도 그 일부는 알 수 있었다.

미래가 없고 더 이상 희망이 보이지 않아 목숨을 끊어 버리기로 작정한 사람의 마음을 이해하는가? 나는 한때 삶을 포기했다. 하지만 딸이 있었기에 마산 합성동 교회에서 난간에 목을 내밀고 밀치기만 하면 삶이 끊어지는데 차마 끊어내지 못했다. 이 세상에 무슨 미련이 있어 내 몸을 던져버리지 못했을까? 그것은 아무 죄 없이 내 곁에 남아 있는 딸이 있었기에 뛰어내리지도, 목을 매어 죽어버리지도 차에 뛰어들지도 못하고 집으로 뚜벅뚜벅 걸어가야만 했다.

하지만 내 나이 55세가 되어 마트에 있는 벤치에 앉아 책을 쓰고 있으니 세상에 나보다 더 행복한 사람이 있을까? 딸은 대학을 졸업했고 29살이 되어 호텔리어로 직장 생활에 잘 적응해 가고 있고, 2년 후면 8년 동안 만난 남자친구와 결혼 준비를 하기 위해 돈을 모으고 하루하루 행복한 인생을 꾸려나가고 있다. 경제관념 없는 엄마를 안 닮아, 더 알뜰하고, 더 현명하고 더 계획적으로 인생을 살아가고 있으니 지금이 천국이 아니고 또 무엇이겠는가? 그리고 이렇게 글도 잘 써내려가니 더없이 행복하다. 회사에서 짬짬이 일하는 도중에 꼭지 제목 2개 정도를 A4 용지에 적어간다. 자투리 시간을 낭비하지 않기 위해서다. 시간이 없어 책을 쓰지 못한다는 말은 핑계다. 공부할 시간이 없다는 것도 핑계고 돈이 없어 뭘 배우지 못한다는 것도 핑계다. 시간은 만들면 시간을 낼 수 있다. 정신만 있다면 마음만 있다면 뭐든지 할 수 있다.

내가 55년을 살면서 가장 잘한 것은 뭐든지 저지르고 보는 것이다. 그것 때문에 많이 실패하고 많이 깨지고 많이 아프지만 그것이 재산이 되어 작가가 되어 책을 출판하고 1인 창업가가 되고 유튜버가 되었다. 나는 복잡한 생각보다 1%의 영감만으로 실행하는 사람이다. 그것이 내 인생 2

막을 펼칠 수 있는 모티브가 되었다.

내 인생 이제 시작이다! 이제 30년 남았다. 10년 후의 내 인생이 어떻게 변해 있을지, 눈부신 미래를 바라본다. 확신으로 10년을 이겨낼 것이다. 내 생각이 현실이 된다는 믿음으로 잘 살아낼 것이다. 첫 번째, 두 번째 책이 이어 여섯 번채 책까지 쉬지 않고 출판할 것이다. 내가 살아낸 이야기가 이 세상 단 한 사람의 가슴에 삶의 열정의 불을 당길 수 있다면 난 성공한 사람이다.

7개월간의 천국의 열쇠

나는 부자가 되는 데 돈 많은 부모님도, 많은 인맥도,
좋은 학벌이나 스펙도 필요 없다는 사실을 알게 되었다.
돈을 버는 방법에 대한 지식과 기술만 필요할 뿐이다.
− 『기적수업』, 〈한책협〉 김도사

나는 2019년 9월 21일 교통사고로 인해 몸이 많이 망가졌다. 그러나 불행의 얼굴을 하고 내게 다가온 불행은 7가지의 행운을 가지고 온 천국의 열쇠였다. 사람 일은 모르는 것이다.

나는 교통사고로 인해 경제적으로 어렵고 매일 매일 목과 가슴에 파스를 붙이고 사는 신세가 되었지만 7개월 만에 나는 54년의 인생과는 완전히 다른 운명을 하나님으로부터 선사받았다. 평범하고 내세울 것 하나 없는 내가 〈한책협〉 김도사님을 만나 책 쓰기 6주 과정을 마치고 한 달이 조금 지난 뒤 원고를 완성하여 책을 써서 미다스북스와 출판 계약을

하고 2020년 8월 책이 출판되었다. 나는 구세주 김도사님으로 인해 55세 나이에 작가가 되고 강연가, 1인 창업가, 메신저, 동기부여가, 라이프 코치로 살아가고 있다. 자신의 인생을 바꾸고 싶은 사람은 010-5019-3548로 연락하길 바란다. 누구나 자신의 한 번뿐인 인생을 바꿀 자격이 있다.

나는 김도사님으로 인해 인생을 바꾸었고 부의 추월차선으로 올라탔다. 보물지도를 찾았으며 금은보화 금고 황금열쇠를 찾았다. 그리고 천국으로 들어가는 천국의 열쇠를 찾았다. 나는 하나님의 딸로 하나님은 내 심장 속에 계신다. 나는 66년 12월 25일에 태어난 사람으로 부산 서면 정보영 스피치 학원 밑 '총각도사'께서 "하늘과 땅을 이어주는 사람으로 유명한 사람이 되어 TV에도 나온다."라고 하셨다. 30년 동안 알고 지낸 마산 상남동 '대왕정사'보살님께서는 23살에 만나 나에게 이런 말을 했다. "4살 차이 학교 선생님을 만나 족두리 쓰고 결혼을 한다." 나는 26살에 고등학교 국어 교사를 3번 만나고 전통 혼례식을 마산 문화원에서 올렸다. "학교 선생을 만나 결혼했으니 선생님 사주인데 사주대로 사는 것이다"라고 말해주셨다. 나의 결혼식에도 와준 분이다. 지금도 엄마라고 부르며 인생의 동반자로 살아가고 있다.

하지만 나는 〈한책협〉 김도사님을 만나 지난 54년 인생을 다 잊어버렸다. 인연도 다 끊어버렸다. 나는 하나님의 딸로 살아가기로 했다. 하나님께서 3번의 황금 티켓을 내 손에 쥐어주시어 80세까지 1인 창업가로, 메신저로 라이프 코칭가로 살아가라는 천직과 사명을 주셨다. 사람은 이 세상에 태어난 목적이 있다. 하나님께서 나에게 많은 고통과 시련을 주신 데는 그만한 이유가 있다. 하나님이 계획하신 도구로 사용하기 위함이다. 나는 3번의 교통 사고를 겪으면서 사람의 목숨은 하나님의 손에 있다는 것을 깨닫게 되었다.

하늘이 참 맑다. 내 마음도 깨끗하게 맑다. 아무 근심 걱정 없이 하루를 살아냈다. 아침에 알람을 20개를 했는데 2번 일하는 투 타임 후유증이 심했는지 알람을 전혀 듣지 못했다. 순서를 바꾸면 5일 동안 일을 하지 못하고 청소만 해야 한다. 거의 넘긴 거나 마찬가지가 될 뻔했다. 눈을 뜨니 밖이 훤히 밝았다. 8시 일을 나가야 하니 6시까지 회사에 가야 한다. 눈을 뜬 시간이 오전 6시 30분이었다. 화장품을 챙겨 들고 회사로 허겁지겁 올라갔다. 이제 선발 첫 현관 대기를 가는 것이다. '휴' 하고 안도의 한숨을 쉬었다. 마트 벤치에 앉아 두 번째 책을 쓰고 있다. 신나는 음악이 흘러나오고 있다. 음악에 맞춰 신나게 손가락을 놀리고 있다. 가수는 아름다운 목소리로 노래를 부른다. 김이나 작사가는 아름다운 가사를 쓴다. 나훈아 가수는 아름다운 영혼을 가졌고, 디자이너는 옷을 예쁘게 만들고, 김도사님은 책을 잘 쓰신다. 딸은 피아노도 잘 쳤고, 글씨도 잘 쓰고, 얼굴도 예쁘고, 그림도 잘 그리고, 영어도 잘한다. 그럼 나는? 고객 서비스 1인자다. 그리고 무턱대고 도전도 잘한다. 내가 하고 싶은 것은 무엇이든 해보는 사람이다. 8남매 가족 중 작은언니는 그림을 잘 그려 화가가 되었고, 큰언니와 올케언니는 요리를 잘하고, 동생들과 조카들은 공부를 잘해 서울대 박사 과정 중에 제약회사에 취업을 했고, 남동생은 진해 고등학교 전교 1등으로 고려대를 나와 대기업 제철회사 연구팀 팀장이다. 중국에 있는 동생과 대구에 사는 막내 동생은 살림을 잘한다.

나는 네이버 카페 '문수빈행복연구소' 1인 창업가가 되었고 1인 창업으로 성공해서 은행장이 되고, 골프장 사장이 되고, 백화점 사장이 되고, 자동차 회사 사장이 되는 것이 꿈이다. 그 꿈을 이루기 위해 김도사님의 유튜브를 보며 의식 확장을 하고 잠재의식 속에 내 보물지도를 그려넣었다. 금은보화 금고 황금열쇠를 찾아 부의 추월차선에 올라탔다. 나는 7개월간의 교통사고 후유증 속에 사투하며 직장 생활과 책을 써서 인생 2막을 열었다. 내가 생각한 것은 하나님의 생각이며 그것을 믿고 포기하지만 않는다면 모든 것을 다 이룰 수 있다는 것을 김도사님의 성공 신화를 통해 알게 되었다. 김도사님의 제자로, 유튜브 〈권마담TV〉 권마담 대표님의 제자로 나는 성공할 것이고 천국의 열쇠를 찾았다. 나는 이제 천국의 문을 열었고 천국으로 들어왔다. 이 지상에서 경제적 자유인, 시간적 자유인이 되어 세계 일주를 하며 천국처럼 살다가 천국으로 돌아갈 것이다. 나는 미래를 보는 직감과 예지몽이 뛰어난 사람이다. 교통사고 2번 당할 때 44라는 숫자가 끊임없이 눈에 보였다. 초등학교 친구 L이 내게 말했다. "너의 뼈는 무쇠로 만들었나?" 교통사고를 당한 나를 보고 뼈라도 부러져야 정상인데 불사신처럼 살아 있는 내가 신기한 모양이다. 하지만 돈도 없고 있는 것이라고는 몸밖에 없는데 몸 다치고 머리라도 다치면 나는 이제 아무것도 없다. 나는 하나님의 딸로 하나님은 내 심장 속에 계신다. 나는 하나님 자녀다. 나는 우주 대통령이다. 하나님께서 준비하신 천직과 사명으로 남은 30년을 잘 살아갈 것이다.

요즘 햇볕이 따가워 페어웨이에 잔디가 타들어가고 있다. 수도 호스로 물을 하루 종일 끊임없이 주고 있지만 역부족이다. 양탄자를 밟듯 푹신거리는 잔디를 밟으며 내 고마운 12년의 인연에 감사했다. 12년 동안 관심 없이 밟지 않았던 구석구석의 잔디에 발을 디뎌보았다. "잔디야, 고마워! 돈 벌게 해줘서 고마워!"라고 인사를 했다. 이 인사도 길어야 4개월이다. 모든 것이 아쉽고 아쉽다. 성공해서 이곳에 와서 라운딩을 하면 된다. 사랑하는 자식과 헤어지는 것처럼 마음이 아프다.

오늘 12년 동안 가족처럼 지낸 B사모님과 연달아 3번 라운딩을 나갔다. 나와 전생에 무슨 인연이 있는 것인지 라운딩만 오시면 꼭 내가 나간다. 가지고 있던 퍼터키퍼, 진주 학 마크, 샤넬 보석 마크, 티 걸이 등을 잔뜩 드렸다. 내가 마음을 드리는 만큼 돌아가며 팁을 주시기도 한다. 안 주셔도 되는데 마음 따뜻한 사모님들이 가만히 있지 않으신다. 이런 오 가는 인정 속에 골프장을 떠나려 정을 끊는 나의 마음이 우울하고 침울 하다. 나는 돈을 떠나서 내 일이 좋다. 마음 따뜻한 분들과 5시간, 10시간 씩 라운딩을 함께하는 것이 좋다. 함께하는 시간이 금방 지나가버려 너 무 아쉽다. 나는 5시간이 아쉬워 9홀을 더 돌았으면 하는 마음이 항상 절 실하다. 남들은 이해하지 못할지 모른다. 나는 이 일이 정말 좋다. 하지 만 가장 이 일을 사랑할 때 떠날 줄 알아야 고수다. 나는 대한민국 최고 고수가 되기 위해 내가 사랑하는 골프장을 떠난다. 더 큰 꿈을 위해 눈물 을 닦으며 이별을 고한다. 내 사랑하는 골프장이여! 내 꿈 터여! 내 은인 이여! 잘 있어! 안녕!

나의 삶의 지식과 경험으로 1인 창업가가 되다

열심히 일하고 차곡차곡 저축하면 부자가 된다고?
이런 케케묵은 충고는 지긋지긋하다. 이제 고리타분한 충고는 거부하라!
— 『기적수업』, 〈한책협〉 김도사

나는 컨트리클럽 캐디 12년차다. 43세에 단돈 만 원도 없이 이곳에 이력서를 가지고 무작정 찾아왔다. 나는 양산과 부산에서 3년 동안 상가 분양 영업을 해서 20억짜리를 2번 계약해 분양수수료로 1억을 벌었다. 1억으로 신용회복 위원회에 빚을 갚고 신용을 다시 회복했다. 26살 결혼할 때 산 장롱을 버리고 새 장롱을 샀다. 지나간 과거와 추억을 다 버렸다. 이불도 다 버렸다. 인생을 다시 시작하고 싶었다. 33살에 이혼하고 주식 투자 실패로 나는 나락으로 떨어졌다. 8남매의 가족도 내 인생을 다시 일으켜 세워주지 못했다. 20년 동안 가난과 배고픔과 싸우며 살아왔다. 딸은 힘든 시간을 묵묵히 잘 견뎌주었다. 나는 딸이 있었기에 견뎌낼 수 있었다. 쌀이 없어 3일을 물만 먹고 견딜 때에도 딸은 내게 원망 한마디 하지 않고 눈물을 삼켜주었다. 내가 이 세상에 태어나 가장 잘한 것이 있다면 딸을 낳은 것이다. 딸은 나를 많이 원망한다. 삶을 힘들게 하고 자존감을 짓밟았기 때문이다. 그러나 우리 딸은 말없이 예쁘게 커주었다. 초등학교, 중학교, 고등학교, 대학교까지 밥 한 번 제대로 챙겨주지 못했다. 나는 잘하는 게 없다.

1인 창업으로 성공하게 되면 500평 정도의 장미와 분수로 만든 아름다운 대저택을 사서 산청에 계신 엄마, 아버지를 모셔와 80세까지 같이 살아갈 것이다. 사람마다 꿈꾸는 미래가 다르다. 하지만 한 가지 같은 것이 있다. 행복이라는 간절함은 똑같은 마음이다. 그것을 죽을 때까지 갈구하고 살아가는 것이다. 나는 장미 꽃바구니와 난을 은혜 입은 고객 분들에게 많이 선물했다. 나에게 꽃바구니와 꽃다발을 선물하는 사람은 단 한 사람도 없었다. 그래서 양산에 있는 꽃집 사장님께 "장미 한 송이만 포장해주세요!"라고 부탁을 드렸다. 꽃집 사장님 역시 꽃을 사랑하는 분이시니 내 마음을 이해해주셨다. 내 마음을 아시는지 사장님은 한 송이, 두 송이를 예쁘게 리본으로 감아주셨다. 꽃집 하는 사람은 마음이 곱다. 천사가 아니면 꽃집을 하지 않는 것 같다.

경남은행 비서실에 근무하면서 산업은행 은행원과 선을 보았다. 그가

어떤 사람인지 알아보기 위해 산업은행에 송금을 하러 가서도 그를 아는
척하지 않았다. 그는 ROTC 출신으로 장남이라고 했다. 나는 맏며느리
감이 아니라는 생각을 가지고 있었다. 그래서 3번 만나보고 아무런 연락
없이 헤어졌다. 같은 은행원이라 먹고 살기에는 걱정할 것이 없었다. 하
지만 그와 나는 성격이 맞지 않았다. 그는 하루의 만남에 대해 결산하는,
낭만이 없는 사람이었다. 나는 감성적인 사람이라 현금 100만 원보다 장
미 한 송이를 선택하는 사람이다. 나는 감정을 소중하게 생각하는 사람
이니 감정을 결산하는 사람을 좋아할 리 없다. 그런 사람과 평생을 사느
니 혼자 사는 것이 낫다.

나는 젊을 때부터 벤츠에 집착이 심했다. 벤츠가 지나가면 유심히 보
고, 주차되어 있는 차 옆에서 사진 찍기를 좋아했다. 그래서 핸드폰 화면
에 담아두었다. 나는 성공하면 벤츠를 2대 살 것이다. 하나는 딸 것이고
하나는 내 것이다. 벤츠를 타고 백화점에 쇼핑을 가는 모습을 많이 상상
한다. 벤츠는 내 차임에 틀림이 없다. 나는 쌍용차도 사랑하고 벤츠도 사
랑한다. 그것은 내 차이기 때문이다.

꿈에 넓고 깊은 바다를 보았다. 내 미래는 밝을 것이다. 나는 진해 조
선소 급사 생활 3년을 시작으로 경남은행 15년, 쌍용자동차 영업 3년, 상
가 분양 영업 3년, 컨트리클럽 캐디 12년, 총 36년간의 직장 생활을 바

금은보화 금고 열쇠

탕으로 54년 살아낸 나의 삶의 원리와 비법을 가지고 1인 창업을 하였다. 경남은행 15년의 경력으로 능력 있는 은행원을 키워낼 것이며, 유능한 자동차 영업을, 상가 분양 영업을, 유능한 캐디를 육성하여 자신의 꿈을 펼칠 수 있는 인재로 키워낼 것이다. 한국의 일꾼으로서 세계 속에서 살아가게 할 것이다. 그들도 인생을 잘 살아내어 1인 창업가로 살아갈 수 있도록 창업을 도울 것이다. 나는 컨트리 캐디로 12년을 근무하면서 캐디라는 생각으로 일한 적은 단 한 번도 없었다. 나는 컨트리클럽의 사장이라는 마인드로 살아왔다. 그래서 12년을 잘 살아 삶의 보람을 느꼈으며 이 일에 애착을 가지고 살 수 있었다. 박수 칠 때 떠날 수 있는 내가 되었다. 직장은 내 삶의 전부가 아니다. 내 삶의 일부분일 뿐이다. 80세 인생 중에 일부분에 지나지 않는다. 내가 삶의 중심이지 직장이 중심이 아닌 것이다. 주객이 전도되어서는 안 된다.

회사 근처 마트에 있는 벤치에 앉아 책 두 꼭지를 썼다. 아름다운 음성을 가진 가수들의 아름다운 노래를 들으며 책을 쓰니 술술 써내려가게 된다. 옆에 앉아 있는 60대 남자 두 사람은 목욕탕 때밀이 일을 하시는 분으로 여자 이야기를 하며 이야기꽃을 피운다. 나는 좋아하는 가수가 많다. 나훈아, 이승철, 심수봉, 노사연, 최성수, 진시몬, 백지영. 아름다운 목소리를 가진 가수들과 아름다운 노래가 있어 세상이 더 풍요롭고 아름답다. 세상은 참 살 만한 곳이다. 살아 있어 좋다.

오늘, 내일 40~80mm가 넘는 폭우가 태풍으로 인해 예상되어 있다. 새벽 4시에 일어나 새벽 5시에 출근을 했다. 부산에 사는 동생 천사 조정희에게 전화를 걸어 비가 현재 오지 않으니 출근을 하라고 말해주었다. 부산에는 폭우가 내려 아직 출발을 하지 않고 있었다. 회사에 도착하니 폭우로 1부가 전부 취소가 되었다. 달려왔는데 취소가 되면 그것만큼 허무한 것이 없다. 그래도 번호를 넘기지 않으려면 출근을 해야 한다. 한 명, 두 명씩 집으로 돌아갔다. 오후에는 2부, 3부 전부 취소될 거라 예상해본다.

네이버 카페 '문수빈 행복연구소'에 일대일 코칭과 4주 과정 프로그램을 올려놓았다. 아직 나를 알지 못해 회원 수도 교육생도 확보하지 못했다. 첫술에 배부를 수는 없다. 10년을 내다보고 살아가고 인내할 것이다. 성공에는 버퍼링 시간이 필요하다. 김도사님도 작가가 되기 위해 8년 동안 책을 썼고, 500번 출판사로부터 퇴짜를 맞았다. 너무 힘들어 여러 번 자살을 시도하셨다고 한다. 누가 500번의 거절을 감내할 수 있겠는가? 그것은 믿음과 확신으로 김도사님만이 할 수 있는 일이라고 생각한다. 김도사님께서 9년 동안 250권의 책을 쓰고 1,000명의 작가를 배출하고 자산가가 되는 기적을 이룬 만큼 나 역시도 그 길을 따라 묵묵히 10년, 20년, 30년 걸어갈 것이다.

금은보화 금고 열쇠

나는 경남은행에서 15년 동안 여러 지점을 거치며 은행 생활을 했다. 그래서 은행장님으로부터 최우수 친절 서비스 직원으로 표창장을 받았고, 10년 장기근속자로 일본 연수를 10일 동안 다녀왔고, 경남은행 전 직원 업무 연수 시험에서 남여 전체 1등을 하여 동기보다 1개월 빨리 승진을 했다. 은행을 다니면서도 자기계발을 게을리하지 않고 은행 업무가 끝나면 오후 9시에 꽂꽂이 학원을 4년 동안 다녀 문향, 백향, 동방 꽂꽂이 자격증을 가지고 있다.

은행 입사와 동시에 한국방송통신대학교 가정학과에 등록해 6년 동안 다니고 모든 과정을 이수했다. 양산 영산대 실내디자인학과 3학년 중퇴하였으며, 부산 동의대 부동산 최고 6개월 과정을 단 하루도 빠짐없이 수업을 받아 수료증을 받았다. 디벨로퍼가 되기 위해 3개월 동안 주말에 한국경제 신문에서 주최하는 디벨로퍼 수업을 받기 위해 양산에서 부산역에 가서 KTX를 타고 서울역 가서 다시 택시를 타고 한국경제신문 빌딩에 가서 수업을 받고 다시 돌아왔다. 3개월 후 디벨로퍼가 되었다. 나는 은행 업무를 마치면 마산 합성동 시외버스 터미널 옆 메이크업 학원에서 3개월 동안 300만 원이 넘는 수업료와 150만 원이 넘는 재료비를 부담하며 배운 메이크업을 30년이 지난 지금 유튜브에 올리고 있다.

지금은 클라우드에서 돈을 버는 시대가 되었다. 유튜버로 몇 억씩 돈을 벌고 70대 엄마가 식당 경력으로 요리 노하우로 세상을 휘어잡는 시대가 되었다. 이제는 자신의 콘셉트와 콘텐츠가 돈을 버는 시대가 되었다. 나처럼 〈한책협〉 김도사님을 만나 작가가 되고, 유튜버가 되어 10억을 버는 〈한책협〉 가족들이 많다. 나 역시도 그 길을 걸어가려고 발버둥치고 있는 중이다.

요즘 코로나 사태로 인해 경제는 공황 사태에 있다. 모든 업무는 재택근무로 돌아섰고, 학생들도 1주일에 2~3일 출석 수업을 한다. 재택근무로 인해 주부들의 고초가 크다. 인원 감축과 무급휴가가 넘쳐나고 생활이 어려운 사람들은 비명을 지르고 있다. 모두 살아가기 힘든 시대가 되었다. 이 어려운 현실을 합심해서 잘 이겨내야 한다.

05

인생의 터닝 포인트는
오빠의 사업 실패에 있었다

보이지 않는 것을 믿고 실현하는 '이상주의자'가 되어라.
현실주의자는 결국 이상주의자의 밑에서 하수인이 되어 일하게 된다.
– 『기적수업』, 〈한책협〉 김도사

고등학교를 들어갈 당시 오빠는 벽돌을 만드는 사업을 했다. 처음 시작하는 사업이라 잘되지 않아 많은 빚을 지게 되어 가정 형편이 더 어려워졌다. 중학교 때까지 별 두각을 나타내지 못했던 나였기에 반에서 18 등을 넘긴 적이 없는 아주 평범한 학생이었다. 그러던 어느 날 나는 국사 시험을 반에서 혼자 만점을 받는 엄청난 사건이 일어났다. 중학교 3학년 2학기에 머리가 트인 것이다. 고등학교 입학 시험을 얼마 남기지 않아 긴 장하여 귀에서 윙~ 하는 소리가 자꾸 났다. 살면서 큰일을 당해보지 않은 나는 일생일대의 큰 사건 고등학교 입시를 앞에 두고 있었다. 긴장을 풀기 위해 수업을 마치면 학교 공원 벤치에 앉아 혼자서 심호흡을 많이 했다. 그 긴장은 좀처럼 가시지 않았다.

어느 날 엄마가 나를 불러 말씀하셨다. "집안 형편이 어려워 야간 고등학교를 가야 할 것 같아." 나는 그 말을 듣고 "네."라고 대답했다. 나는 밝은 성격이라 그것에 대해 심각하게 생각하지 않았다. 우리 8남매는 엄마, 아버지의 성실함을 그대로 물려받아 초등학교, 중학교, 고등학교를 모두 개근상을 받으며 다녔다. 그래서 현실에 잘 적응하는 편이다. 나는 마산여상 야간 고등학교에 전교 74등으로 입학했다. 오빠의 사업 실패가 없었다면 나는 고등학교를 졸업하고 평범한 회사에 취업을 했을 것이다. 하지만 오빠의 사업 실패로 마산여상 야간 고등학교를 다니면서 나는 내 안에 있는 열정을 끄집어냈다. 내 안에 잠자고 있는 거인을 깨운 것이다. 오빠로 인해 나는 내 인생에 엄청난 파장을 겪게 되었고 38년이 지난 지금 작가가 되었고, 네이버 카페 '문수빈행복연구소' 1인 창업가, 동기부여가, 강연가, 메신저, 라이프 코치를 80세까지의 천직으로 여기며 사명감을 가지고 살아가고 있다. 세상의 중심이 되는 젊은이들을 많이 키워낼 것이다.

머리가 트이고 인생도 트이기 시작했다. 진해에서 마산까지 학교 가는 1시간, 수업을 마치고 밤 11시에 막차를 타고 진해로 돌아오는 버스 속 1시간 동안 공부를 하여 고등학교 3학년 때에는 반장으로, 전교 7등으로,

장학생으로 경남은행에 당당히 입사했다. 오빠의 사업 실패가 나의 인생을 완전히 뒤바꿔놓았다. 초등학교, 중학교에 나를 아는 친구들은 내가 어떻게 은행원이 되었는지 의아할 것이다. 그만큼 나는 존재감이 없는 순박하고 조용한 학생이었다. 오빠의 사업 실패로 우리 가족은 불행이라는 얼굴을 마주하게 되었다. 하지만 불행은 7가지 행운도 함께 데리고 내 인생에 찾아왔다.

불행은 내게 도전이라는 마법을 선물했고 내 안에 잠자고 있는 거인을 깨워주었다. 인생에 도전장을 내밀게 해주었고 내 안에 있는 열정에 불을 지펴주었다. 사람은 살아가면서 인생의 한 획 아니 2~3번 획을 긋는 인생의 대운을 맞이하게 된다. 나는 오빠의 사업 실패로 인해 첫 번째 인생의 대운을 맞이할 준비를 하고 있었던 것이다. 그리하여 3년 후 나는 경남은행에 입사하여 15년 동안 7억이라는 돈을 벌었다. 그래서 고등학교 국어 교사를 만나 결혼했고, 딸을 낳았고 내 명의의 아파트를 살 수 있었다. 마산여상 야간 고등학교를 다니며 진해 조선소 급사였던 내가 이뤄낸 첫 번째 기적이었다.

캐디로 일하는 지금, 새벽 5시 반에 일어나 2번 일하는 투 타임을 하고 새벽 1시에 목욕을 하고 집으로 돌아왔다. 2번의 교통사고 후유증으로 인해 몸이 많이 망가져 기력이 없고 목의 통증이 심해 목을 좌우로 돌리기조차 힘이 든다. 참 힘겨운 하루였다. 4일 동안 비 소식만 없었다면 일을 동생에게 넘겼을 것이다. 일을 해주겠다고 5명이나 핸드폰에 문자를 남겼다. 하지만 26일 서울 분당 〈한책협〉 유튜브 과정 수업이 권마담 대표님 강연으로 스케줄이 잡혀 있다. 꽤 고가의 수업이지만 나는 나의 1인 창업 '문수빈행복연구소' 일대일 코칭 과정과 4주 과정 교육 일정을 만들기 위해 배울 수 있는 것은 돈이 얼마가 들든지 배워 내 것으로 만들어야 한다고 생각하고 있다.

나의 보물지도를 위해 나는 책 쓰기 6주 과정 수업료를 감당하기로 결심했고, 1인 창업 과정, 책 출판 홍보 마케팅 과정, 네이버 카페 제작, 카페 활용법, 강연 과정, 그리고 유튜브 과정 수업을 받을 예정이다. 유튜버들은 깔끔한 언변으로 구독자를 10만, 20만 명을 모으고 있다. 나는 현재 구독자 수가 300명 남짓이다. 그래도 나의 유튜브 영상을 보고 들어주는 300명의 구독자분들이 있어 용기를 내어 특별한 일이 있으면 유튜브를 업로드하는 편이다.

아직까지는 정리되지 않고 부족한 말솜씨지만 실속과 내용이 중요하다고 생각한다. 나의 보물지도를 그리고 그 지도대로 10년만 열심히 믿음으로 확신을 가지고 나의 천직에 사명감을 가지고 살아간다면 나는 100억 재벌 대열에 낄 수 있다는 자신감을 가지게 되었다. 자신이 꿈꾸고 소망하는 미래 야망은 그 누구도 범접할 수 없는 신성한 것이라고 생각한다. 자신만의 보물지도를 그리고 간직한다면 자신이 소망하는 꿈을 누구보다 빨리 이뤄갈 수 있다고 당당히 말할 수 있다. 내가 지금껏 생각하고 바라는 것을 이루어왔듯이 소망하는 자와 아무런 계획도, 꿈도 야망도 없이 하루하루를 열심히만 살아가는 것은 무의미한 삶이 될 수 있다. 그러기에 항상 일기장에 자신의 소망을 적고, 코르크 보드에 자신이 꿈꾸는 보물지도를 만들어 항상 볼 수 있는 자리에 놓아두어야 한다. A4 용지로 출력을 해서 자기가 머무는 곳에 6곳 정도에 붙여두고 핸드폰 앞면에 저장하고 지갑에도 넣어두고 수시로 보고 각오를 다지는 계기를 많이 만들어야 한다.

긴 시간을 통해 꿈을 이루는 것도 좋지만 사람은 금방 지치고, 당장 눈으로 결과가 드러나지 않으면 금방 지치게 된다. 그래서 작은 성공이라도 이룬다면 자신에게 칭찬의 선물을 하는 것이 중요하다. 작은 성공이 모여 그 저력으로 큰 성공을 쉽게 이뤄갈 수 있는 것이다. 나는 마산여상 야간 고등학교를 다니면서 항상 일기장에 은행원이라는 나의 꿈을 적었다. 그리고 성모 마리아님께 기도를 올렸다. "가난에서 벗어나게 해주세요! 마리아님! 은행원이 되게 해주세요!" 그 기도는 3년 동안 계속되었다. 나는 그 일념으로 3년을 진해 조선소 급사 생활과 학생이라는 신분으로 아침 7시에 출근해서 밤 12시에 마산에서 진해로 오는 36번 버스 속

금은보화 금고 열쇠

에서 내 미래를 꿈꾸며 공부했다.

꿈이 있었기에 힘들지 않았다. 지은영, 신순정, 노연화, 김영미, 김미영의 친구들이 있었기에 외롭지도 힘들지도 않았다. 특히 지은영과 많은 시간을 보내고 많은 이야기를 했다. 우리의 빛나는 청춘은 힘들지 않고 힘찼다. 서로 경쟁하며 공부를 했다. 일요일이면 주로 도서관에서 공부를 했지만 시험기간이 되면 은영이 집에 불쑥 찾아가 친구가 공부를 하는지 감시를 했다. 화장실에 가보니 수학 문제를 많이 푼 흔적이 있었다. 나는 그날 집에 돌아와 새벽 4시까지 공부를 했던 기억이 난다.

고등학교 친구들을 만나 내 인생이 바뀌었는지도 모른다. 착하고 예쁘고 열심히 공부하는 친구들 덕에 나 역시도 열심히 살아가는 학생이 되어 가고 있었다. 그래서 고등학교 3학년 때는 나를 비롯한 친구들이 거의 반장으로 졸업을 했다. 그래서 좋은 회사에 취업을 하여 나는 은행원이 되어 고등학교 국어 교사와 결혼을 하였고, 은영이는 항해사와, 연화는 수학 선생님과 결혼을 했다.

고등학교를 졸업하고 23년 만에 은영이와 미영이를 만날 수 있었다. 친구들은 20년이 지나도 여전히 여고생의 얼굴을 하고 있었다. 자신의 위치에서 나름 열심히 살아가고 있었다. 은영이는 내가 근무하는 사무실에서 5분 거리에 부산 화명동에 있는 아파트에 살고 있었다. 우연히 화명동 골프 연습장에 가는 길에 은영이를 만났다. 그길로 은영이 집에 가서 그동안 밀린 살아온 이야기와 은영이의 아들 2명을 보았다. 중학생, 고등학생이 된 아들을 보니 감회가 새로웠다. 은영이는 엄마가 일찍 돌아가셨다. 그래서 언니와 은영이는 번갈아가며 가족들의 식사를 책임져야 했다. 항상 따뜻하게 3년 동안 차려준 따뜻한 밥상을 잊을 수가 없다. 함께 경쟁하며 공부하던 그 시절을 잊을 수가 없다. 내가 가장 사랑하는 지은영이 있었기에 은행원이 될 수 있었다. "은영아! 이제 친구들이랑 만나 맛있는 것 먹고 세계일주도 하며 살아가자! 보고 싶다! 내 사랑하는 85년 마산여상 졸업생 친구들아! 너희는 너희가 꿈꾸는 보물지도를 찾았니?"

금은보화 금고 열쇠

06

운명을 바꿔준 보물지도

성공에는 분명히 비결이 있다.
그것은 성공할 때까지 포기하지 않는 것이다.
— 『기적수업』, 〈한책협〉 김도사

오늘 전남편과 재혼한 여자의 이름을 가진 사모님을 만났다. 사모님은 마음이 따뜻한 사람이었다. 오늘은 무더운 날씨였다. 30도가 넘게 기온이 올라갔다. 카트 창문을 타고 시원한 바람이 불어왔다. 오늘처럼 무더운 날씨에 바람까지 불지 않았다면 일하기 정말 힘들었을 것이다.

중간 중간 페어웨이에 수돗물 분수를 만들어놓았다. 페어웨이 잔디가 가뭄으로 인해 타들어가고 있었다. 내 자식을 보는 마음처럼 가슴이 아파온다. 바짝 마른 잔디들이 애처로워 견딜 수 없는 고통을 느낀다. 12년 동안 함께 한 자식 같아 그런 것이다.

나는 전남편과 선 보고 3번 만나고 결혼을 했다. 3번 만난 날 남편은 꽃다발을 주며 내게 말했다. "월세방부터 살 수 있느냐?" 나는 대답했다. "네." 그렇게 우리는 남편이 정한 결혼식 날 1991년 4월 21일에 마산 문화원에서 구식으로 족두리 쓰고 결혼을 했다. 나 역시도 '올해 봄에 결혼하지 않으면 죽는다'는 생각을 가지고 있었고, 남편 역시 4월 21일 결혼할 것이라고 날짜를 정하고 있었다. 그래서일까? 나는 4년 동안 다닌 꽃꽂이 선생님 소개로 3번 만나고 한 달 만에 결혼했다. 사람이 생각하면 우주 역시 그 생각에 맞추어 결혼식을 올릴 수 있게 바삐 움직여 주는 느낌을 받았다. 결혼에 대한 계획과 보물지도를 그리면 꼭 그렇게 이루어진다.

인연이 없어도, 결혼할 상대가 없어도 내가 생각한 그 바람대로 결혼을 하게 된다. 마음을 먹느냐, 먹지 않느냐의 차이일 뿐이다. 나는 그 사람과 결혼하여 8년 동안 부부로 살았다. 하지만 그 여자와는 22년째 부부로 살아가고 있다. 그들이 사랑의 승리자다. 남편이 귀가가 늦어졌다. 그가 업무 연수를 다녀온 후에 그의 책 속에 여자의 이름이 적혀 있었다. 어느 날 사찰을 탐사하고 온다고 3일 정도 다녀온 적이 있다. 평소와는 다르게 그가 딸기 한 소쿠리와 딸의 머리핀을 사가지고 돌아왔다. 여자의 직감은 무섭다. 나는 아무 말 없이 차가 주차되어 있는 주차장에 가서 차 안을 들여다보고 왔다. 차안에는 여자 머리빗이 들어 있었다. 내 것이

금은보화 금고 열쇠

아니었다. 나는 남편에게 아무 말도 하지 않았다. 그는 갈수록 귀가 시간이 늦어졌다. 새벽 4시, 5시가 넘어도 집으로 돌아오지 않았다. 7살인 딸과 나는 아파트 베란다 난간에 매달려 그가 돌아오는 길목을 바라보고 있었다. 그가 돌아오는 시간은 갈수록 늦어졌다. 늦게 들어와도 미안한 기색이 없었다. 나는 은행을 다니면서도 잠을 이룰 수 없어 새벽 4시에 빨랫감을 꺼내 손빨래를 하며 시간을 죽여가고 있었다.

그 여자에게 전화를 했다. 그 여자가 내 앞에 다가왔다. 그 여자는 나와 키도, 비쩍 마른 몸도 비슷했다. 하지만 결코 아니라고 이야기를 했다. 나는 그 말을 믿고 싶었다. 시간이 지나 남편이 내게 말을 했다. "당신이 싫어서가 아니라 살고 싶은 사람이 생겼어. 이혼을 좀 해 줘!" 처음에는 이혼을 하지 않고 시댁에 들어가서 살까 하는 생각도 했다. 하지만 그와 그 여자가 시골에 차를 타고 왔다. 그것을 보는 순간 내 마음은 결심이 섰다. 오빠와 의논을 했다. 오빠는 "마음이 떠난 사람을 붙잡으면 뭐 하겠노?" 하셨다. 나 역시 그런 생각이 들었다. 내가 살아보고 싶은 사람을 만나면 남편에게 이혼해달라고 할 여자라는 것을 나는 알고 있다.

이 세상에 태어나 단 한 번뿐인 인생 살고 싶은 사람과 사는 것이 맞다. 이혼은 죄가 아니다. 내가 살고 싶은 사람과 평생 살다 가는 인생이 진정한 인생이다. 그래서 나는 이혼하고 돌아오는 길에 그와 딸과 셋이 횟집에 가서 회를 먹고 노래방에 가서 마지막 이별의 노래를 불렀다. 그리고 8년 동안 나와 같이 살아주고 딸을 낳아준 그에게 장미 100송이로 만든 꽃바구니를 그의 고등학교 교무실에 보냈다. 남들은 미친 짓이라고 생각할 것이다. 하지만 나는 그를 미워하는 마음이 없었다. 그에게 딸의 양육비는 받지 않았다. 나는 은행원이고 나 혼자서도 충분히 키울 자신이 있었기 때문이다. 그는 이혼한 지 22년째 딸에게 단 한 번도 전화하지 않았다. 학교 선생으로서 납득하기 어려운 일이다. 딸을 4살까지 시골에 계신 시부모님이 키워주셨다. 그런데 시부모님도 딸을 단 한 번도 찾지 않았다. 매정한 사람들이었다. 그렇게 냉정한 사람들이 아니라고 생각했는데 그들은 우리를 단 한 번도 찾은 적이 없다. 잘 살아가고 있겠지. 시부모님은 좋으신 분이셨다. 딸에게 전화 한 통 하지 않을 만큼 잔인한 분들이 아니라는 것을 내가 안다.

이혼하기 전 시부모님이 계신 곳에 택시를 타고 딸과 함께 간 적이 있다. 1시간 내내 입술을 깨물며 흘러내리는 눈물을 삼키며 시댁에 도착했다. 택시 기사님이 나를 거울로 힐끗힐끗 들여다보았다. 아무것도 물어보지 않으셨다. 시아버님께서 내게 말씀하셨다. "인연의 끈을 놔야 될 것 같다." 옆에 앉아 계시던 시어머님은 계속 눈물만 닦으셨다. 왜 그렇게 눈물을 흘렸는지 나는 알고 있다. 딸을 4살까지 키워주셨기에 손녀가 딸

금은보화 금고 열쇠

이나 마찬가지인 것이다. 이혼하면서 그는 마음에도 없는 말을 내게 했다. "잘 키우지 못하면 딸을 데려오겠다." 그러나 그는 그 후 단 한 번도 우리를 찾지 않았다.

직장 생활 36년을 마치고 54년을 살아내고 유튜브에서 김도사님을 운명적으로 만나 책 쓰기 6주 과정을 마치고 한 달이 조금 지나 미다스북스와 출판 계약을 하고 2020년 8월 나의 책이 출판되었다. 나는 보물지도를 만들기 위해 큰 코르크보드 2개를 샀다. 나의 꿈과 야망을 담은 보물지도를 만들기 위해서다. 나는 롯데캐슬 100평에 입주하는 꿈을 가지고 있다. 벤츠를 타고 다니겠다는 생각을 오래전부터 하고 있었다. 그래서 롯데캐슬 사진과 벤츠 사진을 보드에 붙였다. 나의 캐치프레이즈도 적었다. 나는 네이버 카페 '문수빈행복연구소' 1인 창업으로 많은 부를 쌓게 되면 어려운 사람들을 돕기 위한 은행을 지을 것이다. 골프장도 지어 함께한 사람들과 운동을 할 것이며, 백화점을 지어 열심히 산 자신을 위해 선물을 할 수 있는 공간을 만들 것이다. 그래서 이곳 지상에서 경제적 자유인, 시간적 자유인이 되어 천국처럼 살다가 천국으로 돌아가는 삶을 살고 싶고 사람들을 그렇게 살게 하고 싶다.

내가 생각하는 꿈과 야망은 잘못된 것이 아니다. 내가 생각하는 꿈이 하나님이 준비하신 빛나는 미래라는 것을 믿고 확신한다. 나는 내 꿈을 이루기 위해 목숨 걸고 30년을 살아낼 것이다. 그래서 나 혼자만의 욕심만이 아닌 36년간의 직장 생활과 54년의 삶의 원리와 비법으로 10~40대 젊은이들의 삶을 변화시키는 인생을 살게 해주고 싶다. 내 꿈, 의지대로 빠른 시간 내에 성공의 문으로 들어서게 될 것이다. 나는 하나님께서 주신 5가지 달란트를 끄집어내어 썼다. 피나는 노력으로 내가 알지 못했던 영업력, 인내력, 지구력, 도전하는 정신, 투철한 서비스 정신 등 나의 내면에 잠자고 있는 거인을 깨워 도전하는 삶을 살아가고 있다.

10년 동안 도전하며 살아갈 마음의 각오가 되어 있다. 내 빛나는 미래를 믿고 다 이룬 끝에서 시작하게 되었다. 김도사님은 어려운 여건 속에서도 미래에 대한 확신으로 살았다. 24년 동안 250권의 책을 출판하시고, 9년 동안 1,000명의 작가를 배출하셨다. 그리고 현재 대단한 자산을 일구셨다. 김도사님께서 걸어오신 길을 가슴에 새기며 묵묵히 걸어갈 것이다. 10년 뒤의 나의 빛나는 미래만 바라보고 살아갈 것이다. 주위에 아무도 없어도 나는 외롭지 않다. 달려갈 나의 보물지도가 있고 나의 스승님 김도사님이 계시니 아무 걱정도 없다. 시간이 돈보다 귀하다는 진리를 잊지 않고 살아가기만 하면 된다. 시간이 있어야 일어날 수 있는 기회를 잡을 수 있는 것이다.

자신의 인생 보물지도를 가지고 살아가는 사람과 보물지도를 가지지 않고 살아가는 사람의 삶은 천지 차이다. 처음에는 그다지 차이가 드러나지 않는다. 하지만 1분, 1시간, 하루, 1달, 1년이 지나면 엄청난 차이의 인생을 살게 된다. 인생의 등대, 나침판인 보물지도를 꼭 가지고 살아야 내가 원하는 삶을 살 수 있다. 인생을 살아가는 방향과 성장의 속도는 빨라질 것이다. 인생의 보물지도 없이 목표 없이 살아가는 인생은 결코 성공하는 삶을 살아가지 못할 것이다.

나는 고등학교 시절 나의 꿈을 일기장에 매일 적었다. 항상 '은행원이 되게 해주세요'라고 기도하고 적었다. 은행원이 되겠다는 각오로 하루하루를 살아냈다. 잠이 오면 30cm 자로 내 얼굴을 때려가며 잠을 쫓았다. 그래서 야간 고등학교 3년 동안 힘든 생활 속에서도 내 꿈을 향해 인내하며 살아갈 수 있었다. 그리고 3년 후 경남은행에 입사했다. 내 꿈이 현실이 된 것이다. 내 기도가 현실로 나타난 것이다.

07

김도사님을 만나
최고의 인생을 사는 법을 알게 되었다

태양을 마주하면 내 앞에 빛이 보이고 태양을 등지면 내 앞에 그림자가 생긴다.
- 『기적수업』, 〈한책협〉 김도사

2번의 교통사고로 인해 2번 일하는 투 타임은 엄두도 못 내고 있다. 기력도 없고 투 타임을 할 힘도 없다. 이틀 동안 투 타임을 했다. 교통사고 이후 동생에게 투 타임을 넘기고 있는 상태다. 욕심을 냈다. 내 돈을 남에게 준다는 것은 마음 아픈 일이다. 하지만 내 나이가 있고 교통사고로 몸이 망가져 기력이 없어 이틀에 한 번씩 돌아오는 투 타임을 감당하지 못한다. 오늘은 하루 종일 비가 온다고 했다. 일기예보에 일요일 오전까지 비가 잡혀 있었다. 오늘은 내가 좋아하는 〈하트시그널 3〉을 보면서 푹 자야지 생각하며 월요일 휴가를 달력에서 지워버렸다. 하지만 이곳의 일기예보는 항상 예상을 빗나간다. 푹 자려고 알람도 맞추지 않고 그냥 잠이 들었다. 눈을 뜨니 아침 9시였다. 회사 밴드를 보니 2부에 막팀이라고 되어 있었다. 2시 팀이지만 10시 반에 일찍 출근을 했다. 비가 와서 그런지 몸이 많이 무거웠다. 억지로 몸을 일으켜 출근 준비를 했다. 비가 오면 몸이 무거워진다. 아직도 12년 동안 매일 2번 일하는 동생 3명이 존경스럽고 부러웠다. 그들은 잠을 포기하고 12년째 돈을 벌고 있다. 그것은 죽음도 불사한 자신과의 싸움이다.

나는 8년 동안 딸을 대학 공부시키고 미국 유학을 보내기 위해 2시간 이상 잠을 자본 적이 없다. 일을 마치고 집에 오면 그냥 앉아서 화장을 지우고 세수를 한 뒤 화장을 다시 하고 잠시 눈을 감고 앉았다가 다시 출근하는 것을 8년 동안 했다. 1년에 휴가를 엄마 제사에 맞춰 5일 썼다. 비가 와서 내 팀이 취소되면 2~3번 다시 동생들의 일을 받아 나갔다. 눈이 와도 18홀을 다 돌았다. 나는 딸이 대학을 졸업할 때까지 쉴 수도, 아플 수도, 아파서도 안 되는 엄마였다. 나는 8년 동안 매일 2번 일하는 투 타임을 하며 청소하는 당번의 밥값을 챙겨주었고, 나에게 일을 주는 동생들에게 일하면서 필요한 버디용품을 선물하거나 과일을 선물해주었다. 나에게 돈을 벌게 해주는 동생들이 고마웠기 때문이다.

나는 허리디스크와 협착증으로 뼈를 깎는 고통을 견뎌내며 매일 투 타임을 했다. 너무 고통이 심하면 카트에 기대어 이렇게 죽는 것은 아닐까 하는 불안감이 엄습하기도 했다. 오른쪽 허벅지 뒤를 송곳으로 찌르는 고통을 참아내야 했다. 2달에 한 번 뼈 주사를 맞으며 돈을 벌기 위해 죽음과 사투를 벌이며 살아가야 했다. 그런 세월을 12년을 견디고 이겨내어 나는 5억이라는 돈을 벌어 딸을 대학 공부를 시키고 미국 유학을 보낼 수 있었다. 단돈 만 원도 없이 43세에 컨트리의 캐디가 되어 12년 동안 죽을힘을 다해 일해 5억을 벌어 내가 원하는 모든 꿈을 다 이루었다.

나는 유튜버 김도사님을 만나 나의 인생 2막을 열었다. 6주간의 책 쓰기 코칭을 마치고 한 달이 조금 지나 2020년 5월 7일 책이 계약되어 8월에 나의 책이 출판되었다. 그리고 지금 두 번째 책을 쓰고 있고, 경남은행 15년, 쌍용자동차 영업 3년, 상가 분양 영업 3년, 서비스 등 6권을 차례로 출판할 예정이다. 나의 인생 54년 직장 생활 36년이 똑같은 이야기일지라도 바라보는 관점을 달리하며 적어볼 생각이다. 단 한 사람의 독자라도 생각을 바꾸고 도전하는 인생을 살 수 있다면 그것으로 만족한다. 어떤 큰 사건을 바라지는 않는다.

대구에 사는 Y언니는 내가 올린 캐나다 10일간의 여행을 보고 〈한책협〉 책쓰기 1일 특강을 들으려고 평생 처음으로 서울에 KTX를 타고 왔다고 했다. 유튜브라는 매체를 통해 문수빈의 인생도 작가, 1인 창업가, 강연가, 메신저, 동기부여가, 라이프 코치가 되었듯이 대구 Y언니도 나의 유튜브를 보고 용기를 내서 서울에 왔다고 고맙다고 내게 말했다. 이처럼 일상을 올린 영상이지만 한사람의 운명과 살아온 삶을 송두리째 바꿔놓는 이변을 만든다. 나 역시 유튜버 김도사님으로 인해 인생이 바뀌었고 대구 Y언니는 나로 인해 작가가 되고 1인 창업가가 되었다.

영화배우 K씨의 갑작스런 교통사고 죽음은 내 인생의 관점을 완전히 바꾸었다. 당장 죽을지 모르는 우리의 인생이기에 당장 세계일주를 시작했다. 돈이 있어 세계 일주를 하는 것이 아니라 돈을 모으고 부족한 부분은 신용카드로 대신 지불했다. 돈을 모아 세계일주를 한다는 생각은 잘못된 것이다. 그냥 세계일주하고 뒤에 돈을 벌어서 갚아가면 된다. 나는 4개월 영어 학원을 다니고 10일 동안 캐나다에 혼자 여행을 다녀왔다.

밖에는 비가 많이 내린다. 분당 〈한책협〉에 책 쓰기 6주 과정 첫 수업을 마치고 딸이 사는 등촌 원룸에 가지 않고 길 벤치에 앉아 밤을 새웠다. 다음 날 미라클 사이언스 특강이 있어 시간을 아끼기 위해서였다. 왔다 갔다 4시간이 소요되는 것이 아까웠다. 1년 만에 보는 딸이지만 해야 할 과제가 많아 마음의 여유가 생기지 않았다. 돈이 있어 책 쓰기 6주 과정을 신청한 것이 아니다. 그러기에 남보다 더 치열하게 책을 써서 출판을 해야 하기 때문에 시간이 내게 필요했고 절실했다. 컴컴한 새벽 벤치는 춥고 무서웠다. 서서 코 베어가는 서울이라는 말을 들어본 적이 있어 두려움은 더 컸다. 비가 와서 많이 추웠고 1월이라 새벽 바람이 차가웠다. 하지만 빛나는 내 미래만 생각하기로 했다.

나는 김도사님으로 인해 최고의 인생을 사는 비법을 알게 되었다. 책을 써서 자신을 브랜딩하고 1인 창업으로 메신저가 되어 최고의 인생을 살아가고 있다. 교통사고는 나에게 엄청난 경제적 고통을 안겨주었고 불행이라는 얼굴을 하고 있었지만, 7가지 행운의 여신과 함께 내게 다가왔다. 그것은 하나님께서 준비하신 계획이고 나의 천직이며 사명이었다는 것을 깨닫게 되었다.

나는 네이버 카페 '문수빈행복연구소'를 오픈하여 젊은이들에게 꿈과 야망을 심어주는 메신저가 되었다. 나는 12년 동안 5억을 벌어 내가 소망하는 모든 꿈을 이루었다. 그리고 24년 동안 250권의 책을 쓰시고 1,000명의 작가를 배출하고, 최고의 책 쓰기 코치가 된 김도사님의 제자가 되어 1인 창업가로 살아가고 있다. 내 운명을 작가로 1인 창업가로 만들었고 내 딸의 인생까지도 바꾸었다. 1인 창업으로 연 10억을 버는 날 나는 딸을 책 쓰기 6주 과정에 등록하여 책을 출판하고 1인 창업가로 살아가게 할 것이다. 그것이 최고의 인생을 살아가는 비법이다.

딸과 나는 김도사님을 만나 인생을 바꾸었다. 하나님께서 맺어준 인연으로 지금까지와는 다른 삶을 살게 되었다. 김도사님을 만나 인생을 바꾼 작가는 수없이 많다. 1,000명의 작가 중 연 10억을 버는 사람도 많다.

금은보화 금고 열쇠

나 또한 그들 중 한 명으로 남을 것이다.

　비가 주룩주룩 많이 내린다. 비는 낭만을 내게 안겨준다. 좋아하는 가수 심수봉 노래가 생각나고 고등학교 짝사랑 B와의 아련한 추억이 생각나고 내 첫사랑 K가 생각이 난다. 그들은 하늘아래 살고 있으니 얼마나 행복한가? 비 소리를 들으며 많은 생각에 잠긴다.

　고등학교 입학하기 전 초등학교 여자친구 L과 남자친구와 같이 탁구를 치러 갔었다. 그들은 어떤 이유로 헤어졌다. 그리고 어느 날 그가 내게 말했다. "비 오는 날 오후 3시에 공중전화 박스 앞에서 만나자." 나는 한 달 동안 비가 오기만을 손꼽아 기다렸다. 그리고 한 달 뒤 비가 내렸다. 나는 예쁘게 차려 입고 오후 3시에 공중전화 앞에 서 있었다. 키가 큰 그가 내게로 다가왔다. 우리는 진해 여좌동 굴다리를 지나 진해 전도관 옆 철길을 걸었다. 손도 잡지 않고 걸었던 그 철길의 추억을 가지고 나는 마산여상 야간 고등학교 3년을 추억을 곱씹으며 가난한 현실을 잊고 살아갈 수 있었다. 그는 나에게 그리움과 낭만을 선물해주었고, 기다림의 고통을 알게 해주었고 사랑의 아픔을 경험하게 해주었다. 평생 송골매의 「어쩌다 마주친 그대」 노래가 흘러나오면 내 가슴이 미어지는 것을 느낀다. 짝사랑의 흔적이 내 가슴 안에 있다. 그는 잘 살아가고 있다.

작은 성공이 모여 그 저력으로
큰 성공을 쉽게 이뤄갈 수 있는 것이다.

KEYS TO THE TREASURE BOX

5장

나는 교통사고로
천직을 깨달았다

나는 100조의 가치를 지닌 존재다

자기계발의 마지막 과정은 '책 쓰기'와 '강연'이다.
- 『기적수업』, 〈한책협〉 김도사

　30mm가 넘는 비가 오전 내내 내렸다. 오늘은 쉬고 싶었다. 돈이 없어일을 해야 하지만 내 몸이 예전 같지 않아 일주일에 하루 정도는 푹 자야한다. 그래야 또 일주일을 견딜 수 있기 때문이다. 일기예보처럼 12시가되자 비가 언제 그랬냐는 듯이 소강상태가 되었다. 어쩔 수 없이 또 출근을 해야 했다.

　쉬고 싶었는데 오늘은 비가 와서 쉬고 싶었는데 몸이 엄청 무겁다. 동생들은 오전에 그 많은 비를 맞고도 옷을 새로 갈아입고 2번 일을 했다.대단한 정신력의 소유자들이다. 정말 박수를 보내고 싶을 만큼 부지런하고 대단한 동생들이다. 그들의 빛나는 인생을 응원한다.

나라는 존재는 이 세상에 단 한 사람이다. 그러기에 100조의 가치를 지닌 하나님의 딸이라고 생각한다. 이 세상에 나와 똑같은 사람은 존재하지 않는다. 좋아하는 것, 싫어하는 것, 성공의 기준, 행복의 기준이 사람마다 다 다르므로 나는 세상에 유일한 존재로서 100조의 가치를 지닌다고 생각한다.

어제 출판사에 에필로그와 프롤로그를 이메일로 보냈다. 8월에 출판될 책의 저자 소개글도 보내드렸다. 내 55년 인생에 이런 기적이 일어났다. 나는 이 세상에 단 한 사람이다. 생각, 가치관, 기호, 모든 것이 남과 다르다. 살아온 인생도 다르고 자라온 환경도 다르다. 이 모든 점을 나는 책에 담았고 1인 창업가로 네이버 카페 '문수빈행복연구소'를 오픈해 젊은이들의 멘토이자 메신저로 삶을 바꿔주는 동기부여가로 살아가고 있다.

어제 저녁부터 계속 비가 내리고 있다. 입 안은 휴가를 쓰지 않고 16일을 일해 혓바늘이 돋았다. 2번의 교통사고로 몸은 허약할 대로 허약해져 두 번 도는 투 타임은 엄두도 내지 못하고 있다. 동생에게 두 번째 타임을 넘기고 있다. 오늘도 동생에게 미안한 마음으로 번호를 바꾸었다. 내 순서와 동생 순서를 잠을 못자고 일을 하니 매일 2번 일하는 동생에게 미안해 새벽 5시에 일하는 것을 내가 하겠다고 전화를 했다. 동생은 말은

금은보화 금고 열쇠

하지 않았지만 많이 힘들었을 것이다. 그래서 비가 오니까 내가 일하는 것이 도리인 것 같아 회사에 출근을 했웃. 내 투 타임을 고정으로 받아주는 동생이 고마웠다.

비가 많이 오는데 일을 하려고 할매 곰탕 가게에서 곰탕 한 그릇을 먹고 회사에 출근을 했다. 식은땀이 계속 났다. 제발 일이 안되기를 기도했다. 옷을 갈아입고 있는데 '3부 올 캔슬'이라고 문자가 떴다. 야호! 환호성을 질렀다. 일할 힘이 없었기 때문이다. 어제 새벽 4시 반까지 프롤로그와 에필로그를 써서 출판사에 보내느라고 더 몸이 힘이 없었다. 일찍 옷을 갈아입고 병원에 링거 맞으러 갔다. 한 시간 동안 병원에 누워 있는데 온몸의 피로가 밀려왔다. 나는 한 시간 동안 행복한 수면을 취할 수 있었다. 쉴 수 있다는 것은 행복이다.

행복이란 거창한 것이 아니다. 돈에 쪼들리지 않고 쉬고 싶을 때 쉴 수 있는 것이 행복이 아니고 무엇이겠는가? 링거를 맞고 내리는 비 소리를 들으며 마트 벤치에 앉아 책을 쓰고 있다. 컨트리 12년의 생활을 적어야 하는데 라운딩 나가는 고객님은 항상 다른 분들이지만 똑같은 일상의 반복이었다. 내가 좋아하는 노래가 흘러나온다. 팝송도 나오고 경쾌한 음악도 흘러나온다. 정말 행복한 시간이다. 이 모든 추억은 시간이 지나면 그리울 것이다. 내 블로그에 6명이 이웃 신청을 했다. 나에게 관심을 가져 주신 분들에게 감사드린다. 유튜브에도 구독자가 300명이 되었다. 그 분들에게도 감사의 인사를 올린다. 나의 일상과 경험이 젊은이들에게 희망을 주고 동기를 유발하는 계기가 되었으면 하는 바람이다.

　오늘 곰탕 가게 엄마는 나에게 몸이 안 좋다고 식은땀이 자꾸 난다고 이야기했다. 70세가 넘는 엄마는 새벽 4시에 일어나 목욕탕에 가서 목욕을 하고 가게 문을 연다. 아침 7시부터 장사를 시작해 저녁 7시까지 일을 하신다. 30년 동안 남편과 성격이 맞지 않아 서울에 와서 혼자 사셨다. 30년 동안 열심히 일해서 지금 장사하고 있는 상가도 사고 서울에 있는 아들에게 줄 아파트도 샀다. 매달 아들과 딸을 위해 적금을 넣으신다. 내가 엄마에게 말씀드렸다. "엄마! 이제 여행도 가고 맛있는 것도 사드세요!" 엄마는 "다 해봤어!"라고 하신다. 나는 엄마를 보며 80세까지 열심히 살아야겠다는 다짐을 한다. 곰탕 엄마의 피나는 노력은 그 누구도 알지 못한다. 12년 동안 지켜본 나만 알 뿐이다.

　큰언니는 33살에 형부가 직업 군인을 그만두는 바람에 60살이 될 때까지 힘겹게 일하며 두 딸을 학교 선생님과 은행원으로 훌륭히 키워냈다. 언니는 7년 동안 컨트리 캐디 원 백으로 힘들게 돈을 벌어 두 딸을 대학 공부를 시킨 인생의 승리자다. 컨트리를 그만두고 마트에서 김치를 판매하는 일을 15년 동안 하였다. 그래서 몇 년 전에 두 다리에 철심을 박는 수술을 했다. 컨트리의 원 백이란 고객님의 클럽 백을 메고 5시간, 10시간 동안 엄청난 거리를 걸어서 라운딩을 하는 것을 말한다. 지금 나는 카트를 타고 5시간을 근무해도 힘이 드는데 언니의 힘든 시간들을 생각하면 눈물이 난다. 내가 그 일을 12년을 해보니 언니의 그 고달픈 시간의 고통을 느낄 수 있어 더 눈물이 난다. 하지만 큰언니는 단 한 번도 힘들다는 내색을 하지 않았다. 경남은행을 다니면서 23살 때 큰언니와 조카 둘을 데리고 남해 상주 해수욕장에 놀러간 적이 있었다. 그때 조카 나이는 4살, 3살 얼마나 예쁜 나이인가? 경남은행 휴양지였다. 큰언니는 요리를 잘한다. 쇠고기도 볶고, 오징어무침, 닭튀김 등 여러 가지 음식을 싸가지고 왔다. 버스 속에서 3살 된 조카가 이선희의 '영' 노래를 불렀다. 옥구슬 굴러가는 목소리로 우리의 귀를 즐겁게 해주었다. 그 조카가 지금 국어 선생님이 되고 딸을 낳아 행복한 결혼 생활을 하고 있다. 언니는 새벽에 두 딸을 깨워 머리를 예쁘게 묶어주고 식탁에 맛있는 밥과 반찬을 차려놓고 출근을 했다. 두 조카를 정성스레 키워 이렇게 성공한 사람으로 키워냈다. 언니는 돈을 모을 때마다 조금씩 넓은 집으로 이사를 했다. 우리 8남매는 주말마다 큰언니 집에 모여 피자를 먹거나 언니가 해주는 맛있는 밥을 먹었다. 큰언니는 지금껏 살면서 단 한 번도 친정 식구들에게 금전적인 도움을 받은 적이 없다. 평생 힘들고 어려운 시기를 잘 이겨낸 사람이다. 그래서 나는 큰언니를 제일 존경한다. 지금은 두 딸이 성공해서 엄마를 잘 보필하고 언니는 두 딸의 손자 손녀를 키우고 있다. 행복한 인생을 살아가고 있다. 세상에 부러울 게 없는 사람이 되었다. 두 딸은 같은 아파트에 산다. 고생 끝에 찾아온 행복이라 귀하기만 하다. 큰 언니의 인생을 축복한다.

올케언니는 가난한 8남매의 맏이 오빠에게 시집을 왔다. 가난한 우리 집에 오빠만 보고 시집을 왔다. 7남매를 시집, 장가를 다 보내주신 분이다. 그리고 지금도 오빠와 함께 양산에서 아구찜 식당을 하고 있다. 지금은 경주에 땅을 조금 사서 재미로 농사를 지으신다. 배추도 심고, 고구마, 감자, 고추, 양파를 심어 수확을 하셨다며 자랑도 하신다. 취미 생활로 야채들을 키우는 즐거움이 크다고 하신다. 자식을 키우는 마음으로 정성을 쏟으신다. 가난한 집에 시집와 평생 고생해준 올케언니에게 머리 숙여 감사드린다. 올케언니가 있었기에 가족들이 대기업의 사모님으로, 대기업 연구팀 팀장으로, 지점장 부인으로 10억이 넘는 재산을 일구며 자수성가를 했다. 시집와서 30년 동안 그 많은 제사를 아무 말 없이 해준 올케언니의 노고에 깊이 감사드린다.

나는 아무런 불평 없이 평생 희생하며 살아가는 가족들을 곁에서 지켜보면서 100조가 넘는 가치를 지녔다고 생각한다. 태어나 살아가는 것 자체가 100조의 가치를 지녔다고 생각하는데 더군다나 평생을 희생하며 삶을 성공으로 일구는 가족들이 있어 행복하다. 나도 열심히 살아서 강

240

연료를 1,000만 원을 받을 수 있는 영향력 있는 작가, 1인 창업가, 강연가, 코치, 메신저, 동기부여가가 되어야겠다고 다짐을 하게 된다.

푸른 잔디를 밟으며 불빛 아래서 고객님 볼 라이를 놓아 드리고 있다. 달리는 카트에 시원한 바람을 맞으며 나는 생각했다. '나는 작가다! 이제 내 인생은 1인 창업가의 삶이다! 36년간의 직장 생활을 돌아보면서 그래도 참 잘해냈구나! 참 잘 견뎌냈구나!' 하는 생각이 든다. 나는 항상 내가 있는 자리에서 최고가 되기를 갈망했다. 나는 아직 희망의 끈을 놓지 않고 계속 최고의 자리에 도전한다. 코로나 속에서도 그 도전은 계속되고 있다.

작가가 되어 인생 2막을 열었다

주위 사람들이 나를 향해 욕한다면 성공하고 있다는 말이다.
내가 그들보다 더 나은 인생을 살기 시작했다는 뜻이다.
— 『기적수업』, 〈한책협〉 김도사

어제 회식 때문에 번호도 못 바꾸고 투 타임을 했다. 투 타임을 하고 오후 6시에 일을 마치고 힘든 몸을 이끌고 회식 자리에 갔다. 16명의 조원들이 다 모였다. 맛있는 해물탕 가게에서 회식을 했다. 3일째 투 타임을 해서 몸이 말이 아니다. 입안에 혓바늘이 돋아 링거를 맞아 조금은 낫다. 다행히 하루 폭우로 휴장을 해서 일이 되지 않아 쉴 수 있었다. 21일째 쉬지 않고 일을 해서 몸도 마음도 지쳐 있었다. 하늘도 내 몸 상태를 아는지 하루를 쉬게 해주었다. 21일 만에 양산 우리 집에 가니 너무 행복했다. 밤 11시에 도착해서 짐을 내려놓고 소파에 누워 〈하트시그널 3〉 박지현과 김강열 편을 계속 돌려보았다. 5분도 안 되어 잠이 들었다. 아침에 눈을 뜨니 오전 11시가 되었다. 오늘은 한의원에 가서 목도 치료하고 파마도 하고 마사지도 받아야 한다. 8월에 출판될 책표지 사진 촬영이 있어 미리 파마를 해야 했다. 11시에 한의원에 가서 목에 침도 맞고 부황도 뜨고 찜질도 했다. 오후 2시 파마 예약이 있어 급히 냉면 한 그릇을 먹고 양산 이마트 박승철 헤어스튜디오 박민 원장님께 파마와 염색을 했다. 10년 젊게 해주시는 원장님께 감사하는 마음으로 유튜브 계정도 만들어드리고 네이버 카페도 만들고 블로그도 만들어드렸다. 30년 동안 헤어 디자이너 길을 걸어오신 장인이다. 1인 창업에 대해서도 말씀드렸다.

나는 김밥천국을 20년 해오신 엄마에게도, 식당을 30년 해오신 엄마에게도 유튜브를 어떻게 만드는지 알려드린다. 초보인 내가 왕초보의 인생을 바꿔주는 인생을 살아가고 있다. 36년 직장 생활을 하고 54년 살면서 젊은이들의 인생을 바꿔주는 일을 하고 있다. 네이버 카페 '문수빈행복연구소'를 오픈하여 라이프 코칭을 해주고 있다. 작은 변화가 큰 변화를 이루고 작은 성공이 큰 성공을 이루듯이 나는 하루하루 조금씩 점점 나아지고 있다.

유튜브를 보았다. 양산 이마트 박승철 헤어 스튜디오 박민 원장님께 유튜브 올리는 법을 가르쳐 드렸다. 그것이 핸드폰 화면에 뜬 것이다. 참 신기했다. 원장님은 모르실 것이다. 처음으로 올린 영상, 구독자 1명인 영상이 내 핸드폰 화면에 뜬 것이다. 처음 내 영상이 유튜브에 뜰 때 그 떨림과 흥분은 잊을 수가 없다. 비록 첫 영상 구독자 1명이지만 30년 동안 헤어 디자이너로 살아오신 박민 원장님의 인생을 응원한다. 유튜브에 헤어에 관한 모든 것을 매일 올려서 구독자가 늘어나고, 수강생들이 네이버 카페에 늘어나 행복한 비명을 지르는 날이 도래하기를 염원한다. 10년 동안만 지금까지 살아온 열정으로 사신다면 박민 원장님도 나도 부의 추월차선에 올라탔다고 확신한다. 나도 부족하지만 원장님을 유튜버, 네이버 카페 1인 창업가, 블로그를 만들어드려 인생 2막을 열어드렸다. 20~30년 장인 정신으로 살아오신 인생을 존경한다.

내 바로 위의 언니 딸이 2020년 7월 25일 결혼을 한다. 갓난아기 때 몸조리를 위해 진해에 왔을 때 손가락이 긴 조카가 벌써 30살이 되어 결혼식을 한다. 조카도 이제 진정한 인생을 살게 되었다. 결혼을 하고 아기도 낳고 집도 사고 행복한 결혼 생활을 열어갈 것이다. 조카는 서울대 박사 과정 중에 제약회사에 스카우트되어 3년 직장 생활을 했다. 엄마 바라기인 조카의 빛나는 미래, 행복한 결혼 생활을 염원한다. 엄마 속 한번 썩이지 않고 공부만 열심히 하다가 좋은 사람을 만나 다음 달에 결혼을 한다. 내가 작가로 인생 2막을 열었듯이 우리 딸도 작가로 1인 창업가로 천국 같은 인생을 살다가 천국으로 돌아가는 인생을 살게 해주고 싶다. 그러기 위해서 남들보다 일찍 일어나는 새가 되고, 멀리 나는 새가 되어야

금은보화 금고 열쇠

한다. 캠퍼스 커플로 8년 동안 만나다가 2년 후에 결혼해서 행복한 인생을 가꾸어갔으면 한다. 내 딸의 빛나는 인생을 응원한다.

며칠 전 출판사에서 문자를 주셨다. 8월에 출판될 내 책의 프롤로그와 에필로그, 저자 소개 글을 보내달라고 했다. 미리 준비하고 있었다면 마음이 바쁘지 않았을 텐데 새벽 4시까지 써야 했다. 이제 한 달 뒤면 내 인생 두 번째 책이 출판된다. 책이 출판되면 내 인생에 엄청난 파장이 일어날 것이다. 전국 골프장을 돌며 팬 사인회를 할 것이고 전국 경남은행을 돌며 팬 사인회를 할 생각이다. 나는 전국 은행 연수원과 전국 기업체 연수원을 돌며 도전하는 삶을 강연할 것이다. 내 인생은 이제 시작이다!

54년을 살아낸 지금이 진짜 인생이다!
진짜 인생 공부가 시작된 것이다!

자신을 믿고 빛나는 미래를 만들어라

지식은 집어넣는 것인 반면 지혜는 끄집어내는 것이다.
단 한 권의 책에 자신의 지혜를 담는다면 세상이 주목하게 된다.
인생이 달라지기 시작하는 것이다.
— 『기적수업』, 〈한책협〉 김도사

3일 휴가를 냈다. 6월 27일 〈한책협〉에서 유튜브 교육이 있었다. 하지만 7월 18일로 연기되어 3일 휴가를 집에서 보내야 했다. 직원이 100명이라 토요일과 일요일 휴가를 쓰기가 어려워 동생들의 휴가를 빌려 썼다. 그래서 일정이 최소되어 집에서 쉬게 된 것이다. 21일 동안 쉬지 않고 일을 해서 입에 혓바늘도 돋고, 목의 통증이 심해 좀 쉬어야 하는 것도 있다. 어제 오랜만에 아는 고객님과 라운딩을 나갔다. 3부 막팀 할 때 항상 저녁 7시 팀에 라운딩을 하시는 분인데 비가 와서 3부 첫 팀 5시에 오셨다고 하셨다. 라운딩 도중에 사장님이 다리를 절뚝거리는 것을 보았다. 다리가 아프시냐고 여쭤보니 교통사고가 있었다고 하셨다. 발뒤꿈치

뼈가 조각이 날 만큼 큰 사고였다고 하셨다. 8개월 만에 라운딩을 나오셨고, 내일 실밥을 푸신다고 하셨다. 다리가 아픈데도 라운딩을 온 것이다. 나 역시도 교통사고 후유증이 9개월이 지나도 목의 통증이 엄청나게 심한 편이다. 목을 전후좌우로 움직일 때마다 통증이 극심하다. 사장님께 악수를 청하며 "사장님! 우리 두 사람은 죽었다 살아난 사람입니다. 내일 죽을지도 모르는 인생 욕심내지 말고 하고 싶은 것 하고, 먹고 싶은 것 먹고 여행 다니면서 행복하게 삽시다!"라고 말씀드렸다. 회사 동생 조정희가 산 낙지를 사다가 낙지무침을 해주었다. 고맙게도 참기름까지 챙겨주었다. 5만 원이 넘는 갈치를 사다가 감자 넣고 갈치조림도 해가지고 왔다. 곰국도 한 통 가지고 왔다. 천사 조정희는 내 분신과도 같은 동생이다. 나를 위해 10년 동안 밥을 해주고, 김치를 담아주고 반찬과 국을 끓여주는 동생이다. 조정희만 이 세상에 있다면 못할 게 없을 것 같다. 내가 1인 창업가로 성공하면 같이 일하고 싶은 사람이다. 내 부족한 인생의 조력자요 후원자다. 정희야! 항상 챙겨줘서 고맙다! 사랑한다!

아침에 눈을 뜨니 오후 2시 반이었다. 그동안 자지 못한 잠을 푹 자고 싶었다. 일어나 곰탕 한 그릇을 먹고 양산 경희 본 한의원에 갔다. 원장님은 3년 동안 나의 아픈 목과 손가락을 치료해주신 분이시다. 원장님께 이 시간을 빌려 감사의 인사를 올린다. 2번의 교통사고로 인해 목의 통증이 엄청 심하다. 한의원에서 찜질을 하고 침도 맞고, 부황도 뜨고 마사지를 받으면 조금 낫다. 집 가까이에 한의원이 있어 너무 감사하다. 한 시간 동안 목 치료를 마치고 3일 동안 먹을 과일과 백숙, 곰탕을 샀다. 회사 동생 들이 내게 더위를 이기는 방법을 알려주었다. 매일 햇반에 물 말아 먹고 일하는 내가 불쌍해 보였을 것이다. 아침에 출근할 때 백숙과 삼겹살을 상추에 싸서 먹고 출근을 하고 건강 보조 영양제를 10개씩 먹고, 칡즙, 전복 밥을 가끔 해 먹고 버섯도 많이 챙겨 먹는다고 했다. 정말 나는 그동안 먹은 것이라고는 된장찌개가 전부다. 시간 날 때 곰탕 한 그릇 먹는 게 전부다. 그래서 내가 이렇게 기력이 없고 힘이 없나 보다. 연달아 일어난 교통사고로 몸이 많이 허약해진 것은 사실이다. 목과 손목 가슴에 파스를 매일 붙이고 산다.

우연히 이지성 작가님의 『여자라면 힐러리처럼』이라는 책을 읽게 되었다. 그 책 속에 힐러리 여사의 삶이 실려 있었다. 나도 그렇게 힐러리 여사처럼 인생을 뜨겁게 살고 싶었다. 그 속에 힐러리 여사의 인생을 이렇게 표현한 글귀가 있다. '크게 꿈꾸고 크게 이뤄라!' 나는 이 글을 읽고 나의 야망을 키웠다. 그리고 힐러리 여사가 걸어온 길을 따라 하기로 마음먹었다.

첫째, 작게 시작하라! 둘째, 양으로 승부하라! 셋째, 글을 쓰는 상황을 만들어라! 넷째, 발로 뛰면서 글을 쓰라! 다섯째, 글모음 집을 만들어라! 힐러리 여사는 미국의 대통령이 되는 것이 꿈이고 그것을 이루기 위해

금은보화 금고 열쇠

하루하루 달려가고 있다. 그분의 꿈을 응원한다. 나는 그 책을 읽고 더 큰 확신을 가지고 살아가게 되었다. 나는 은행장이 되기 위해 경남은행 15년을 다녔고, 자동차 회사 사장이 되기 위해 쌍용자동차 영업 3년을 했으며, 백화점 사장이 되기 위해 상가 분양 영업을 3년 했으며, 골프장 사장이 되기 위해 12년 컨트리 보조원을 하였다. 내 꿈이, 내 야망이 은행장, 골프장 사장, 백화점 사장, 자동차 회사 사장이다.

매년 2번 경주 호텔에서 딸 5명이 설날, 추석에 차례를 지내고 나면 모인다. 작년 추석에도 중국에 있는 동생만 빼고 경주 한화콘도에서 1박 2일을 보냈다. 새벽 4시까지 언니와 동생이 내게 말했다. "공무원 시험을 치거나 미용 기술을 배우면 어떻겠느냐?" 나는 "나는 강연료를 천만 원을 받는 훌륭한 강사가 될 거야!"라고 대답했다. 하지만 아무도 나의 말을 믿는 사람은 없었다. 하지만 지금껏 살아오면서 나는 하고 싶은 대로 살아왔다. 나는 단 한 번뿐인 나의 인생을 누구에게 물어보거나 맡겨본 적이 없다. 나의 인생은 내 것이고, 나의 행복을 남에게 맡길 필요가 없기 때문이다. 엄마가 결혼을 반대해도 내가 선택한 사람과 결혼하고 이혼했다. 15년 동안 잘 다니던 경남은행을 명예퇴직할 때도 나는 누구에게 의논하지 않고 사직서를 1초의 망설임도 없이 써서 제출했다. 지금껏 살아오면서 주식투자 실패로 20년 동안 엄청난 고통을 겪으면서 힘들었지만 중국에 있는 동생에게 많은 도움을 받았다. 동병상련이다. 가난한 사람만이 가난의 고통을 알기에 없는 가운데 300만 원을 흔쾌히 내어주었다. 2번의 교통사고로 인해 7개월 동안 돈을 벌지 못해 금전적으로 힘들고 마음의 고통이 심하지만 네이버 카페 '문수빈행복연구소'를 운영하면서 도전 교육 프로그램 일대일 코칭과 4주 과정을 통해 수익이 창출되면 경제 상황도 나아질 것이라고 생각한다. 인생을 바꾸고 싶은 사람은 전화를 주기 바란다. 천직을 알려주고 인생 2막을 열어줄 것이다.

집에서 쉰다는 것은 참 행복하다. 연인을 만난 것처럼 황홀하고 기쁘다. 나도 올해 〈한책협〉에서 책 쓰기를 배웠고 하루 만에 끝내는 1인 창업 과정, 네이버 카페 제작비, 네이버 카페 활용법, 강연 과정, 유튜브 과정 등을 모두 들었다. 이제 머지않아 회사를 퇴사하고 1인 지식 창업가로 뛸 것이다. 연봉 10억을 버는 1인 창업가가 되어 경제적, 시간적 자유인으로 풍족한 삶을 살아갈 것이다. 그리고 딸과 함께 세계 일주도 하며 행복한 남은 인생을 살아갈 것이다.

사람마다 바라는 꿈과 야망은 다르다. 그 꿈을 믿고 인생을 걸어가야 할 방향대로 뚜벅뚜벅 걸어가는 것이 중요하다고 생각한다. 나는 고등학교 때 매일 '은행원이 되게 해주세요! 이 가난에서 벗어나게 해주세요!'라고 일기장에 적었다. 종이에 적는 꿈의 힘은 말로 표현할 수 없는 만큼의 강력한 에너지와 힘을 발휘한다. 우주는 그 꿈이 이루어질 때까지 내가

금은보화 금고 열쇠

알지 못하는 방법으로 꿈을 이루기 위해 온갖 노력을 기울이고 있는 것이다. 나는 살면서 대통령 꿈을 5번 꾸었다. 상가 분양할 때 노무현 대통령께서 우리 집에 밥을 먹으러 오셨다. 다음 날 아침 9시에 두 분이 오셔서 양산 위너스 타워 1층 20억을 통으로 계약해주셨다.

한번은 딸이 DHL 면접시험을 보고 합격자 발표 날 대통령이 우리 집에 500명의 군사를 이끌고 밥을 먹으러 오셨다. 그날 낮에 꿈을 꾸고 바로 울리는 전화를 받았다. "DHL 합격했어요!" 하지만 딸이 미국 유학을 갔다온 지 얼마 되지 않아 합격을 거절하고, 딸은 중국 풀만 호텔 인턴을 하기 위해 비행기를 타고 떠났다.

그 뒤 양산 대방 7차로 프리미엄 3,500만 원이 올라 매도를 하였다. 통장에 4,500만 원이 찍혀 딸에게 자랑을 하였다. 욕심이 생겨 프리미엄 5,000만 원이 되면 팔아야지 생각하면서 분양권 물건을 2개를 또 잡았다. 하나는 중도금 대출이 되었지만 나머지는 중도금 대출이 되지 않아 프리미엄 3,500만 원과 마이너스 1,500만 원으로 물건을 부동산에 내어 계약금을 합해 총 금액 7,000만 원을 다 날려버렸다. 3,500만 원도 큰돈인데 나는 단돈 만 원도 써보지도 못하고 내 돈까지 다 날려버렸다. 급여가 증명되지 않는 직업이다 보니 중도금 대출이 되지 않아 결국 돈을 벌지 못했다. 욕심이 화를 부른 것이다.

세 번째는 김영삼 대통령과 영부인이 우리 집에 오셔서 직접 내게 밥을 해주셨다. 로또 복권 2등이 당첨되었지만 교환하지 않아 2등 당첨금을 챙기지 못했다.

그 뒤 노무현 대통령 꿈을 꾸었고, 그 뒤 3,000만 원이 들어왔다. 하지만 12년 전 로또 복권 1등 당첨되는 꿈을 꾼 적이 있다. 1등이 당첨되어 오빠에게 전화를 걸었다. "오빠 나 로또복권 1등 당첨됐어!" 하지만 삶이 힘들고 마음의 여유가 없다보니 복권은 사지 않았다. 12년이 지난 지금 생각해보면 단돈 만 원도 없이 회사를 마치고 양산 집에 돌아갈 지하철 비가 없어 중국에 있는 여동생에게 만 원만 송금해달라고 하던 내가 컨트리 보조원이 되어 12년 동안 죽도록 일해서 5억을 벌어 딸을 대학 공부를 시키고 미국 유학을 보낸 것이 기적이고 로또 복권 1등 당첨이 아니고 무엇이겠는가?

내가 대통령 꿈을 5번 꾼 것은 이제 내 인생이 좋아지고 나아질 것이라는 하나님의 계시가 아닌가 하는 생각이 든다. 2번의 교통사고로 차를 폐차할 만큼 큰 사고를 당하고도 아직 이렇게 이 세상을 살아가고 있고, 세상을 볼 수 있고, 일할 수 있고, 1인 창업가로 빛나는 미래를 꿈꿀 수 있는 것이 기적이 아니고 무엇이겠는가? 나 자신을 믿고 나만의 색깔로 빛나는 미래를 만들어갈 것이다.

하나님께서 내게 젊은이들에게 꿈과 야망을 심어주라는 천직을 알려주셨다. 나를 다시 살아가게 해주신 황금 티켓을 손에 쥐어주신 이유가

금은보화 금고 열쇠

여기에 있다. 우리는 한 번 태어나 살다가 이 세상을 떠난다. 단 한 번뿐인 인생, 남에게 잘 보일 필요도 없고, 남들이 바라는 인생을 살 필요도 없다. 내 심장이 떨리고 가슴 뛰는 인생을 살다가는 것이 지상에서 천국처럼 살다가 천국으로 돌아가는 것임을 깨닫게 된다.

누구나 나만의 인생 스토리가 있다

당신은 결코 무언가를 배우기 위해 지구별에 온 것이 아니다.
이미 당신의 영혼은 모든 답을 알고 있다.
– 『기적수업』, 〈한책협〉 김도사

나는 주식투자로 실패하여 가장 어려운 시기에 이삿짐센터에 이력서를 냈다. 면접을 보러 갔는데 내가 너무 허약하니 다른 일을 찾아보라고 하셨다. 꽃꽂이를 4년 정도 배웠고, 자격증을 가지고 있어 꽃집 보조원을 구하는 곳에 가보았다. 하지만 나를 채용해주지 않았다. 내가 가장 어려운 시절에 나는 자신감은 바닥이고 목소리는 모기 목소리를 내고 있었기에 나를 채용해주는 사람은 아무도 없었다.

어느 날 8남매 모두 무주 리조트에 1박 2일로 가족 여행을 간 적이 있다. 작은언니 형부가 대기업 상무라 직원 휴양지로 지정되어 있어 호텔

비용이 없었다. 그때 저녁을 먹고 노래방에 가족 모두 놀러갔다. 그때 딸과 내가 노래를 부를 순서가 돌아왔다. 그런데 나와 딸은 마이크를 들고 노래를 부르고 있었지만 목소리는 전혀 들리지 않았다. 그때 나는 깨달았다. 목소리의 크기란 그 사람의 현재 경제상황과 미래를 대변해주는 것이라는 것을. 내가 현재 가진 것이 없고 엄청난 어려움 속에 있다면 더욱 목소리를 크게 하고 자신감 있는 목소리를 낼 필요가 있다. 그래서 나는 12년 동안 컨트리 캐디를 하면서 누구보다 큰 목소리로 '굿 샷!'을 외친다. 지난날의 아픔이 있었기에 다시는 그런 고통의 시간을 겪지 않으리라 생각한 것이 내면에 깔려 있는 것인지도 모른다. 고객님은 내게 귀를 막으며 "수빈아! 고막 터지겠다. 조금 작게 말해라!"하신다.

나는 좀 더 강한 메시지를 전달하는 강사가 되기 위해 8개월 동안 부산 서면에 있는 정보영 스피치 학원에 휴가를 내어 매주 월요일과 화요일에 김보람 강사님께 수업을 받았다. 정보영 스피치 학원 밑에 '총각도사'라는 철학관이 있다. 그곳에 내 인생이 궁금해서 사주를 보았다. 총각도사께서 말씀하셨다. "문수빈씨는 하늘과 땅을 이어주는 사람입니다. 큰 돈을 벌어 큰집으로 이사를 하게 됩니다. 유명한 사람이 되어 TV 출연도 하고 큰돈을 벌게 됩니다!" 내가 주식투자 실패로 엄청난 고통을 받고 더 이상 삶의 미련이 없이 매일 어떻게 죽을지만 생각하며 삶을 죽이고 있을 때가 있었다.

그때 내가 생각한 것이 부산 서면에 있는 철학관에 가서 한번 물어보고 죽을지 살지를 결정하자고 생각하며 부산 서면에 있는 철학관을 찾아 갔다. 그때 내가 끌리는 대로 찾아간 곳은 70세가 넘어 보이는 할아버지셨다. 그분은 나의 무서운 죽음의 그림자를 보셨을 것이다. 그래서 이 사람한테 좋은 말을 해주지 않으면 내일이라도 당장 죽겠다는 직감이 들었을 것이다. 할아버지께서 내게 말씀하셨다. "53세가 되면 100억 재벌이 됩니다!"라고 말씀해주셨다. 그날 할아버지께서는 죽음만을 생각하는 나에게 실낱같은 희망의 끈을 하나 주셨다. 그래서 나는 마음을 다 잡고 다시 살아야겠다는 단순한 생각을 가지고 지금껏 20년을 견디며 살아왔다. 그때 이후 쌍용자동차 영업으로 월 10대를 팔아보기도 하고, 상가 분양으로 20억을 2번 계약해 1억을 벌고 컨트리 캐디 12년을 하여 5억 정도의 돈을 벌어 이렇게 딸을 대학 공부시키고 미국 유학을 보내는 기적을 이루어냈다.

단돈 만 원이 없던 내가 70세 철학관 할아버지의 단 한마디로 인해 다시 마음을 잡고 인생을 살아왔던 것이다. 내가 책을 쓰는 이유는 인생의 고통의 무게를 견디지 못해 자신을 던지려는 단 한 사람을 구하기 위한 것이다. 한 사람의 말 한마디로 인생을 다시 살아보려 마음을 다잡고 다시 살아갈 용기를 낸다. 한 사람의 말 한마디가 한 사람을 살리고, 한 줄의 위로의 글이 한 생명을 살린다. 내가 내 인생 55년을 쓰는 이유가 여기에 있다. 누구나 자기만의 인생 스토리가 있다. 성공했던 이야기, 실패했던 이야기, 실연당한 이야기, 배신당한 이야기, 나처럼 주식투자 실패로 20년의 세월을 낭비한 이야기 등 세상에는 자기만의 인생 고통을 안고 살아가는 사람들이 대부분이다. 하지만 뒤집어 생각해볼 필요가 있다. 내가 주식투자로 실패하지 않았다면 내 속에 잠자고 있는 거인을 깨워 신이 주신 5가지 달란트를 꺼내 쓸 수 있었을까? 하는 생각이 든다.

오빠의 사업 실패로 인해 나는 마산여상 야간 고등학교를 다니면서 진해 조선소 급사로 3년 일하면서 열심히 공부해 경남은행에 입사하여 15년을 근무하고 고등학교 국어 교사를 만나 결혼을 하고, 예쁜 딸을 낳았고, 주식투자 실패로 신용 불량자가 되어 쌍용자동차 영업을 3년 하여 월 10대를 팔수 있는 영업력을 키웠고, 3년 동안 상가 분양을 해서 20억을 2번 계약하는 역량을 키워 상가 분양 수수료를 1억을 벌었고, 1년 동안 부산 화명동 골프 연습장에서 1년 동안 골프 연습한 그 노력을 가지고 골프장에 이력서를 들고 찾아가 2개월간의 캐디교육을 받고 8년 동안 2시간 이상 잠을 자지 않고 매일 2번 일하고, 1년 동안 5일만 휴가를 썼다. 12년 동안 5억을 벌어 딸을 대학 공부를 시켰다.

단돈 만 원이 없이 마트에서 회사 동생에게 3만 원을 빌려 생필품을 사던 내가 5억을 벌어 딸을 대학 공부시키고 미국 유학을 보낸 것은 기적에 가까운 것이다. 아니 기적이다. 오빠가 내게 물었다. "너의 노후는 어떻게 할래?" 나는 나의 미래를 걱정하지 않는다. 네이버 카페 '문수빈행복연구소'로 1인 창업을 해 연봉 10억을 버는 사업가가 될 것이다. 생각이 현실이 된다. 내 꿈을 다 이룬 끝에서 나는 시작하고 있다. 금은보화 금고 열쇠를 찾았으니 10년 동안 버퍼링 시간만 견디면 된다. 포기하지만 않으면 내 꿈과 야망은 현실이 되어 내 앞에 꿈동산을 이루게 될 것이다.

나는 〈한책협〉 김도사님을 만나 54년의 인생을 잊어버리고 작가, 1인 창업가로 인생 2막을 열게 되었다. 한사람이 은인으로 인해 지금까지 살아온 인생과는 비교할 수 없는 다른 인생을 살아간다는 것은 기적과도 같다. 〈한책협〉 김도사님은 나를 한 달 만에 작가로 인생을 완전히 다른 삶을 살게 해주셨고, 36년간의 직장 생활을 마감하고 내가 살아온 삶의 원리와 비법을 교육 프로그램 4주 과정을 통해 젊은이들의 삶을 변화시키는 코칭가로 살게 해주셨다.

누구나 인생을 살면서 인생을 바꿔줄 은인을 만난다. 그러면 인생 2막을 새롭게 열 수 있다. 그러고 보면 나는 선택받은 사람이 아닌가 하는 생각이 든다. 이 모든 것은 하나님께서 나에게 무엇을 하며 살라고 천직을 깨닫게 해주시려고 하신 것이다. 나는 20년 동안 주식투자 실패로 가난 속에 허덕이며 살아왔다. 나는 젊은이들에게 세상에 공짜 돈이 없다는 메시지를 전달할 것이며 욕심이 화를 부르고 내가 가지고 있는 돈을 목숨 걸고 지켜야 한다는 메시지를 전달할 것이다. 이것만 지켜도 당신은 80% 성공한 인생이다. 내가 20년 고통의 대가를 지불하고 얻은 삶의 교훈이다. ·

우리의 인생은 한정적이다. 100세를 넘지 못하는 인생을 살고 있고 내일 당장 죽을지도 모르는 인생을 살아가고 있다. 그래서 내가 가장 하고 싶고 심장 떨리는 인생을 살아가야 한다. 가족을 먹여 살려야 하고, 아이들을 공부시켜야 하는 사명감이 있지만 어느 정도 해결을 하고 난 뒤에는 자신의 삶을 살아야 한다. 인생은 한 번뿐이고, 단 한 번밖에 없는 삶의 기회이기에 내가 하고 싶은 일을 하며 살기에도 바쁘게 시간은 흘러가고 있다. 나는 영화배우 K씨의 죽음으로 인해 지금 당장 내가 무엇을 해야 하는지를 생각하게 되었다. 그래서 나는 돈에 연연해하지 않고 신용카드로 딸과 함께 베트남, 태국, 제주도를 다녀왔다. 그리고 부산 박코치 영어 학원을 4개월을 다닌 후 혼자 캐나다를 10일 동안 여행하고 왔다

나는 교통사고를 2번 겪었다. 차를 폐차할 만큼 큰 사고였기에 죽을 수도 있는 상황이었다. 그래도 딸과 베트남, 태국, 제주도를 다녀온 후라 후회는 없을 것이다. 내가 제일 하고 싶은 것은 세계일주다. 돈을 모아 세계일주를 계속할 것이다. 그것이 내가 가장 심장 떨리고 열망하는 인

생이다. 누구나 꿈과 야망이 있다. 나는 은행장, 골프장 사장, 자동차 사장, 백화점 사장이 꿈이다. 80세까지 나는 내 꿈을 향해 돌진할 것이다. 큰 꿈을 가져야 크게 이룬다. 고 정주영 회장님은 무에서 유를 창조하신 분이다. 회장님의 자서전 『실패는 있어도 포기는 없다』를 내 인생 모토로 여기며 살아가고 있다.

05

나는 교통사고로 천직을 깨달았다

큰 것을 갖기 위해선 지금 가지고 있는 작은 것들을 버릴 수 있어야 한다.
지금 당신이 버려야 할 작은 것이 무엇인지 고민해보라.
— 『기적수업』, 〈한책협〉 김도사

어제 새벽 2시까지 TV를 보았다. 휴가가 이틀이 지나가고 3일째가 되었다. 나는 휴가를 쓰면 꼭 죄를 짓고 있는 느낌이 든다. 일을 하지 않고 쉬는 것이 무슨 잘못을 저지르고 있는 죄책감이 들어 마음이 편하지 않다. 어제 100억 부자 다큐 프로그램을 보았다. 책을 쓰느라 6개월 만에 처음으로 TV를 켜보았다. 가난한 나무꾼 집안의 아들로 태어나 지게 하나에 300원 500원을 팔아 가족의 끼니를 해결하며 자라 성인이 되어 나무를 파는 일을 하였다고 한다. 그리고 8년의 노력 끝에 지금은 100억 재벌이 되었다는 내용이었다. 그분은 여러 나라에서 나무를 수입해 적당한 두께로 잘라 탁자를 만드는 일을 하셨다. 3년 동안 자른 목재를 말리고 또 기계로 건조를 시켜 목재가 틀어지는 것을 막고, 오일을 발라 나무에 오물이 스며드는 것을 막는 작업을 일일이 손으로 하는 것을 보았다. 원목탁자 하나에 작게는 300만 원 많게는 2,000만 원을 받고 판매를 하고 있었다. 처음 사업 실패로 많은 어려움이 있었으나 경찰관 친구의 도움으로 신용카드로 300만 원을 빌려 300만 원 어치 나무를 사서 500만 원에 파는 식으로 5,000만 원의 종잣돈을 만들어 지금의 100억 부자가 될 수 있었다고 한다.

사람은 멀리서 자신의 인생을 바꾸는 것이 아니다. 자신이 하고 있었던 일, 하고 있는 일, 그 속에 인생의 답이 있다는 것을 알아 차려야 한다. 내가 네이버 카페 '문수빈행복연구소'와 '한국캐디양성사관학교'를 운영하는 것도 내가 36년의 직장 생활의 원리와 비법으로 젊은이들이 가난을 벗어나고 꿈과 미래를 창조해 나갈 수 있는 힘을 길러주기 위함이다.

오늘 6개월 만에 K강사님 유튜브를 보았다. 강사가 되기 위해 2년 동안 잠자는 시간, 일하는 시간외에는 K강사님의 유튜브를 듣기 위해 이어폰을 꽂고 살았다. 심지어 잘 때도 이어폰을 끼고 잠을 잤다. K강사님의 새로운 신간을 소개하고 계셨다. 그리고 지금 코로나로 힘든 우리의 현실을 이야기했고, 강사님의 어려운 현실을 이야기하셨다. 나는 K강사님 유튜브를 보면서 강사의 꿈을 키웠다. 김미경 캠퍼스 열정대학생 2학년

금은보화 금고 열쇠

으로 잠시 작가, 1인 창업가가 되기 위해 열정대학생 휴학을 했다. 김미경 강사님께서 유튜브에서 자신의 자서전 한 권은 써서 소장하자는 영상이 있었다. 그래서 나는 시간 나는 대로 회사에서 일하면서 5분, 10분 시간이 날 때마다 A4용지를 접어 호주머니에 넣어둔 것을 꺼내어 몇 자씩 적어 책 한 권을 쓰게 되었다. 그것을 유튜브에 몇 개 올리기도 했다. 사람들은 일한다고 바빠서 시간이 없어서 책을 못 쓴다고 한다. 하지만 우리는 바빠도 밥을 먹고, 화장실을 가고, 핸드폰을 확인하고, TV를 본다. 그와 마찬가지로 책을 쓰는 것도 하나의 나의 생활의 일부라고 생각하면 그것이 결코 어려운 일이 아니라는 것을 알게 된다. 하루 10분, 20분, 30분으로 자신의 책을 쓸 수 있고, 그것을 바탕으로 자신을 브랜딩해서 자신의 인생의 삶의 깨달음, 비법 등을 책에 담아 메신저로 라이프 코칭가로 인생 2막을 열어갈 수 있다. 그것이 금은보화 금고 열쇠인 것이다. 우리는 좀 더 나은 인생을 위해 책을 읽는다. 그러므로 책을 읽는 것과 마찬가지로 독자에서 작가의 위치로 바꿔 꿈 너머의 꿈을 위해 자신의 책을 써야 하는 것이다.

코로나로 많은 사람들이 일자리를 잃어 의식주 해결이 어려워지고 있다. 하지만 그나마 컨트리에는 고객님이 있어 생활은 잘하고 있다. 갚아야 할 신용카드 대금, 핸드폰 요금, 보험료, 임대료를 낼 수 있어 너무 감사할 따름이다. K강사님의 눈물을 보았다. 코로나로 매일 일상처럼 강의

하던 자신의 일이 사라지는 상실감은 엄청난 고통이었을 것이다. 얼마나 어려운 현실이면 눈물을 감출 수 없을 만큼 고통을 인내하고 계시는 것일까? 우리 남동생 역시 인원 감축으로 몇 개월째 육아휴직으로 집에서 두 아들을 키우고 있다. 현실이 얼마나 힘든지를 여실히 보여주고 있다. 우리는 이 어려운 현실을 기회로 바라볼 수 있는 안목을 가져야 한다. 이 어려운 혼돈 속에 질서를 세우고 새로운 수입의 파이프라인을 만들어야 한다.

지금은 클라우드에서 돈을 버는 시대가 되었다. 인터넷으로 필요한 생필품을 구매하고 유튜버가 되어 돈을 벌고 클라우드에 내 건물을 짓고 회사를 차려야 하는 시대가 되었다. 위기가 기회가 된 것이다. 발 빠른 대응으로 살아남기 위해 모두 몸부림쳐야 하는 시국이 된 것이다. 위기에 돈을 버는 사람이 있다. 그것이 내가 될지 당신이 될지 아무도 모르는 일이다. 단지 알아야 할 것은 소프트웨어가 되어야 한다는 것이다. 유튜버로 블로그로 마케팅하는 시대가 도래한 것이다.

집에서 통원 치료를 하다가 운명적으로 유튜브에서 김도사님을 만나게 되었다. 그것은 하나님께서 나의 인생을 바꾸기 위해 김도사님을 만나게 해 주신 것이다. 2020년 1월 19일 1일 책 쓰기 특강이 있다고 했다. 딸에게 전화를 걸어 김포공항으로 가는 비행기 표를 끊었다. 1일 책 쓰

금은보화 금고 열쇠

기 특강을 듣고 나서 김도사님께 나의 경제 상황을 말씀드리고 6주 책 쓰기 수업을 신청했다. 그리고 6주 과정 수업을 무사히 마치고 한 달이 조금 지나 2020년 5월 7일 미다스북스와 출판 계약을 하고 8월에 나의 책이 출판되었다. 〈한책협〉 김도사님과 〈권마담TV〉 권마담 대표님을 만나 책을 써서 작가, 강연가, 메신저, 1인 창업가, 라이프 코칭가의 삶을 살게 되었다. 이것이 금은보화 금고 황금열쇠이다.

처음에는 나의 차를 받은 사람을 원망했다. 7개월 동안 돈을 벌지 못해 신용카드로 살아가야 하고 돌아오는 신용카드 대금을 내지 못해 아등바등하는 게 힘들지만 그 교통사고가 없었다면 60세까지 컨트리 캐디로 한 달에 300만 원을 버는 생활에 만족하며 매년 1월과 2월에는 어디로 여행할지를 생각하며 노후를 보내고 있었을 것이다. 그리고 80세까지 아무런 인생의 변화도 없이 늙어가고 있었을 것이다. 생각만 해도 끔찍한 생각이 든다. 아무런 변화도 없이 한 달에 강의 하나 하면서 80세까지 늙어가고 있었을 것이다. 단 한 사람으로 인해 50년 인생을 송두리째 변화시킬 수 있는 기적을 이뤄낼 수 있는 사람이 과연 몇 명이나 될까?

그런 면에서 나는 행운아라는 생각이 든다. 나는 〈한책협〉 김도사님과 〈권마담TV〉 권마담 대표님으로 인해 한 달 만에 작가가 되고 1인 창업가로 어마어마한 3번째 인생 대막을 열어가고 있다. 나는 54년의 인생을 과감히 버리고 새로운 30년의 인생 2막을 열었다. 나는 1인 창업가로 젊은이들에게 꿈과 야망을 심어주는 메신저가 되었다.

이렇게 어려운 시기에 숨을 쉬고 살아간다는 것은 행운이다. 3일 동안 나를 위해 집에서 쉬는 동안 두 번째 책을 완성해보려는 욕심이 있었다. 하지만 하루에 한 꼭지를 쓰는 것이 내 역량의 전부였다. 1권 『나의 행복을 절대 남에게 맡기지 마라』를 쓸 때에는 어떻게든 책을 완성해야 했기에 하루 종일 쓰면 두 꼭지를 쓰는 것이 전부였다. 그래도 요즘은 한 꼭지를 조금 쉽게 쓰는 편이다. 꼭 서론, 본론, 결론에 얽매이지 않고 일기처럼 편안하게 쓰려고 한다. 독자가 정독을 하는 것을 바라지 않는다. 자신이 읽고자 하는 부분을 찾아 읽는 편독이 되기를 바란다. 인생을 바꾸는 책의 한 줄이 한사람의 심장을 뒤흔들어 운명을 바꾸는 것이다.

나 역시 이지성 작가의 『여자라면 힐러리처럼』 책을 하루 종일 읽었는데 단 한 줄이 내 심장을 찔렀다. 힐러리 여사의 좌우명 '큰 야망을 가져라! 그래야 큰 꿈을 이룬다!' 이것은 내가 항상 꿈꾸고 있는 야망에 불을 당겨주었다. 단돈 만 원이 없던 시절에도 내 곁에는 나를 다독여줄 위로의 책이 있었다.

『여자라면 힐러리처럼』 책 속에 고전 책읽기를 권장하는 문구가 있었다. 10년간 고전 책을 읽고 나의 안목을 넓히고, 생각을 입체적으로 할

금은보화 금고 열쇠

수 있는 사람으로 변모할 수 있기를 열망하며, 35년 동안 책장에 묵혀 두었던 스탕달의 『적과 흑』을 3장 읽었다. 이 작은 변화가 내 인생의 회오리가 되기를 염원해본다. 나는 아직 도전하고 있다! 단 한 번뿐인 나의 인생은 이제 다시 시작이다!

06

천국처럼 살다가 천국으로 돌아가리라

다른 사람들의 도움을 구하지 말고
당신 스스로 소망하던 모습이 이루어졌다고 외쳐라!
"이루어 졌다! 그렇게 되었다!"
– 『기적수업』, 〈한책협〉 김도사

2020년 6월 사모님이 서 코스 8번 홀 파3에서 볼을 치며 "홀인원하면
딸을 시집 보내겠다."라고 말하며 120m 거리를 우드로 치셨다. 그런데
이게 웬일인가? 그 볼이 홀인원이 된 것이다. 40살이 넘은 딸과 아버지
와 어머니가 라운딩을 오셔서 홀인원을 하였다. 말이 씨가 된 것이다. 그
만큼 말의 힘이 크다. 말이 현실이 된 것이다. 어제 2020년 7월 1일 서 코
스 2번 홀 파5에서 230m 거리에서 우드를 친 볼이 홀컵에 들어가 J사장
님이 알바트로스를 했다. 홀인원 보험을 가입해서 300만 원이 나온다고
했다. 나에게 10만 원을 주셨다. 감사했다. 나에게 올해는 기쁜 일들이
많이 일어났다. 책을 써서 작가가 되었고, 네이버 카페 '문수빈행복연구

소'를 열어 1인 창업가가 되었고 유튜버가 되었다. 내 인생이 바뀌었고, 내 운명이 바뀌었다.

어젯밤에 꿈을 꾸었다. 항상 무슨 일이 있으면 선몽을 해주는 편이다. 발바닥이 살이 패이고 피가 철철 흐르는 것이다. 기쁜 마음보다 두려움이 컸다. 그래서 나는 오늘 2번 일하는 투 타임을 하며 얼마나 마음을 졸이고 조심하며 하루를 보냈는지 모른다. 새벽 3시가 되어서도 무슨 일이 일어날까 노심초사했다.

나는 〈한책협〉 구세주 김도사님으로 인해 내 인생을 바꾸었다. 내 인생 마지막 기회를 잡을 수 있었다. 교통사고를 당하는 꿈, 수표 더미를 세는 꿈, 큰 아파트 공사현장에 모델하우스를 구경하는 꿈, 그리고 발바닥에 살이 떨어져 나가고 피가 철철 쏟아지는 꿈을 연달아 꾸었다. 나는 6개월 뒤 나의 운명을 본다. 6개월 후면 나는 36년의 직장 생활을 마감하고 네이버 카페 '문수빈행복연구소'와 '한국캐디양성사관학교'를 운영하며 80세까지 살아갈 것이다. 그래서 젊은이들에게 꿈과 야망을 심어주는 메신저가 되었다.

이틀 동안 폭우로 온 세상이 깨끗해졌다. 이번 주는 계속 비가 예상된다. 폭우로 세상의 꽃과 나무, 잔디, 과일나무에 많은 비로 해갈이 되었다. 세상이 말끔히 청소가 되었다. 더러운 모든 때가 다 씻겨 내려간 상태가 되었다. 코로나도 빨리 우리 곁을 떠나기를 바라는 마음이다.

나는 골프 캐디에서 지식을 돈으로 바꾸는 1인 창업가, 작가가 되었다. 수입의 파이프라인을 만들었다. 그리고 100억 부자 부의 추월차선에 올라탔다. 처음은 미약할지 모른다. 하지만 10년 후엔 100억 재벌이 되어 있다는 것을 확신한다. 하나님께서 준비하신 천직을 찾았으니 메신저로 80세까지 살아갈 것이다.

작년 추석에 딸 4명이 경주 한화콘도에서 1박 2일 여행을 했다. 새벽 4시까지 그동안 살아온 이야기를 하며 이야기꽃을 피웠다. 대부분 나를 걱정하는 이야기다. 언니와 동생이 내게 말했다. "미용 기술을 배우든가, 공무원 시험을 치면 어떻겠느냐?" 하지만 나는 평생을 내 생각대로 내 결정대로 살아온 사람이다. 나는 가족에게 말했다. "나는 K강사님처럼 강연료 천만 원을 받는 훌륭한 강사가 될 거야!" 하지만 나의 말을 믿어주는 자매는 없었다. 큰언니는 "소 귀에 경 읽었다"며 한숨을 쉬었다. 나는 우리 자매 5명 중에 혼자 직장 생활을 한다. 그들보다 가진 것은 없지만 나는 꿈과 야망을 가지고 있다. 끓어오르는 열정을 가지고 있다. 나는 10년 후 나의 꿈을 다 이루었을 것이라고 확신한다. 그래서 경제적 자유인이 되어 딸과 가족들과 세계 일주를 하며 천국처럼 살다가 천국으로 돌아갈 것이다. 나는 죽음을 두려워하지 않는다. 단 한 번뿐인 나의 인생을 계속 도전하고 실패하며 살아갈 것이다. 오늘은 불안한 마음에 잠이 오지 않는다. 제발 아무 일 없이 일상이 지나가기를 염원해본다.

내 생각이 현실이 된다. 내가 상상한 것이 현실이 되어 꿈동산이 될 것을 확신하고 있다. 나는 5,000억 재벌이 되는 꿈을 가지고 있다. 네이버 카페 '문수빈행복연구소'와 '한국캐디양성사관학교'를 운영하며 은행을 세워 은행장이 될 것이고, 자동차 회사 사장이 될 것이고, 골프장 사장이 될 것이고, 백화점 사장이 될 것이다. 나의 54년 살아낸 인생 원리와 비법으로 천만 원이 넘는 강연료를 받는 1인 창업가가 될 것이다. 이미 모든 것을 다 이룬 상태에서 시작하고 있다.

내 현실이 어렵다고 생각하지 않기로 했다. 걱정하지 않기로 했다. 100억 재벌의 마인드로 네이버 카페 내 회사를 잘 이끌어갈 것이다. 10년 후의 나의 모습을 상상하며 끝에서 시작할 것이다. 아무런 걱정도 하지 않는다. 〈한책협〉 김도사님이 최고의 책 쓰기 코치가 되었듯이 김도사님만 믿고 따라가기만 하면 된다. 결과는 다 나와 있다. 나는 〈한책협〉 김도사님의 제자다. 네이버 카페 '문수빈행복연구소' 대표다.

오늘 나가고 싶지 않은 고객과 라운딩을 나갔다. 항상 나를 위하는 듯 하면서 나의 기를 죽이는 사람이다. 하지만 나는 5시간 동안 기죽지 않고 웃으면서 그분을 대했다. 나는 마음속으로 생각했다. '이 사람은 내 인생에 중요한 사람이 아니다!' 이 사람을 결코 진심으로 존경하지는 않는다. 남들에게 나의 이야기를 많이 한다고 했다. 하지만 내 얘기를 할 것도 없고 할 필요도 없다. 나와는 상관도 없는 사람이다. 힘든 하루였고 하루 종일 비가 왔다. 폭우가 와도 투 타임을 하면서 나인만 돌고 업무를 마쳤다. 사람에게는 같이 있으면 편안한 사람이 있고, 단 1초라도 같이 있고 싶지 않은 사람이 있다. 나는 그런 사람과 그렇지 않은 사람을 본능적으로 느낀다. 마음이 평화롭고 아름다운 마음으로 살아갈 수 있게 서로 격려하며 80세까지 살아갈 수 있는 사람과 동행하며 인생을 살아가고 싶다. 내가 하고 싶은 일을 하며, 같이 일하고 싶은 사람과 일을 하며 살아가는 것이 꿈이다. 그런 날이 내년에는 가능하다. 올해가 지나가기 전에 책 6권을 출판하고 내 삶이 더욱 풍요롭고 알차게 살아갈 수 있을 것 같다. 1인 창업가로서 올해 말쯤 되면 내 삶이 어떤 방향으로 살아가야 할지 내 삶의 화살표 방향이 확실하게 정해질 것이다.

내면의 의식이 바뀌면 외부의 환경이 바뀐다. 그리고 인생이 바뀌고 운명이 바뀐다. 나는 구세주 김도사님으로 인해 의식을 바꾸고 운명을 바꾸었다. 목의 통증이 심한데 다음 주 일주일 내내 장맛비가 내린다고 한다. 비가 오면 통증이 더 심하다. 해결해야 할 신용카드 대금, 임대료, 대출 이자, 보험료 등 많은 돈이 필요한데 체력은 안 되고 그래도 억지

금은보화 금고 열쇠

로 돈을 벌어야 했기에 한 달 동안 46번 일을 했다. 2번 일하는 투 타임을 해서 책 쓰기 수업료와 1인 창업 수업료 대금을 입금할 수 있었다. 교통사고 후 나의 체력은 바닥을 치고 있다. 오후 6시 이후에 비가 잡혀 있는 것을 일기예보를 보지 않고 동생 일을 받은 것이다. 하지만 비가 와도 돈을 벌어야 하는 상황이다. 도와줄 사람은 아무도 없다. 오직 내가 해결해야 하는 문제다. 이제 6개월 후면 56살이 된다. 4년 후면 60세가 된다. 이제 내 앞길만 바라보고 달려도 시간이 턱없이 부족하다. 남을 신경 쓸 겨를이 없다. 나를 바라보고 살아가기에도 시간이 부족하다. '남이 나를 어떻게 생각할까? 착한 사람이 되어야지?' 하는 생각은 다 버리기로 했다. 오직 부의 추월차선에 집중하며 살아갈 것이다. 그래서 집중과 선택으로 나의 꿈을 하루 빨리 이루어 경제적 자유인으로 살아갈 것이다.

회사에 갑상선 암 수술을 한 동생이 2명이 있다. 그들은 힘들고 고통스러운데도 내색하지 않고 일을 한다. 대단한 인내심이다. 엄마가 간암 말기 선고를 받고 3개월 후 돌아가셨기 때문에 암의 고통을 누구보다 잘 알고 있다. 엄마는 부산 광안리에서 16살에 함양 산청 가난한 농부의 아내로 시집을 왔다. 왜 그 멀리까지 시집을 왔는지는 아직도 알지 못한다. 엄마는 딸 다섯, 아들 셋의 탯줄을 직접 끊으셨고, 미역국을 직접 끓여 드셨고, 아이를 낳고 하루 뒤에 논에 일을 하러 나가셨다. 지금 우리는 상상도 못할 일이다. 엄마는 지금 내 나이인 55세에 간암 말기라는 선고를 받고 내 결혼식이 끝나고 나의 신혼집에도 한번 와보시지 못하시고 돌아가셨다. 엄마가 그렇게 빨리 돌아가신 것은 모두 돈 때문이라고 생각한다. 가난한 살림에 8명의 자식을 키우기가 얼마나 힘들었을까? 돌아가시기 전까지 돈 걱정으로 사신 분이다. 자식들의 등록금 걱정, 준비물 걱정, 그 돈 때문에 평생 엄마의 가슴이 황폐했을 것이다. 엄마는 새벽마다 앞집, 옆집 돈을 빌리러 다니셨다. 엄마는 자신의 인생을 단 한 번도 돌아보지 못하고 생을 마감하셨다. 엄마보다 슬픈 인생이 있을까? 엄마보다 사랑이 넘치는 사람이 있을까? 내가 엄마 나이가 되어 엄마를 생각하니 엄마의 인생이 얼마나 고달팠는지를 알게 되었다. 고생만 하다 가신 엄마 김수희, 아버지 문정칙의 인생을 축복한다. 엄마, 아버지의 삶을 반추하면서 나는 돈의 노예로 살지 않으리라 다짐한다. 경제적 자유인이 되어 천국처럼 살다가 천국으로 돌아갈 것이다.

금은보화 금고 열쇠

07

금은보화 금고 열쇠

당신은 시작이자 끝이다. 확고한 꿈과 믿음을 갖고 걷는다면
시작과 끝 사이에서 바라는 모든 것을 얻게 될 것이다.
－『기적수업』, 〈한책협〉 김도사

주식투자 실패로 나는 20년 동안 가난과 싸워야 했다. 3일 동안 딸과
물만 먹고 산 적도 있고 6개월을 라면 하나로 하루를 살기도 했다. 전기
와 수도는 예사로 끊기고 아파트 관리실 할아버지가 우리가 불쌍해 어떤
도움을 줬으면 좋겠다는 생각을 하셨다고 한다. 우리가 양산 신양주 아
파트에서 주공 5단지로 이사하는 날 할아버지는 우리를 의아해했다. 전
기 수도가 끊기던 사람이 이사를 한다는 것이 이해하기 어려운 일이었을
것이다. 10년이 지난 뒤 신양주 경비실 할아버지를 찾아간 적이 있다. 오
미자를 들고 할아버지 집을 찾아갔다. 안타깝게도 할아버지는 몇 년 전
돌아가셨다고 했다. 할머니 혼자 덩그러니 집에 계셨다. 할아버지의 명

복을 빈다. 중국에 10년째 살고 있는 여동생이 굶고 있는 나에게 쌀과 전기장판을 사들고 와서 오랜만에 맛있는 밥과 전기장판에서 따뜻하게 잘 수 있었다. 동생 문은숙에게 감사한다.

나는 3일째 굶고 있는 딸을 그냥 둘 수 없어 용기를 내어 양산에 같이 살고 있는 오빠 집에 가야겠다고 다짐을 했다. 오빠 집 근처 공원에 앉아 3시간을 배회했다. '뭐라고 얘기해야 할까?' 계속 고민했다. 오후 10시가 되어서 무작정 오빠 집 대문을 열고 들어갔다. 올케언니에게 말했다. "언니야 김치 좀 줘! 라면에 넣어 먹게!" 그날 나는 김치를 들고 피눈물을 흘리며 절규하며 집으로 돌아왔다.

나는 주식투자를 실패해 신용불량자가 되어 신용회복을 위해 열심히 일했다. 3년 동안 아침 8시부터 밤 12시까지 양산, 부산, 김해, 울산, 진해, 창원, 마산 기업체 사장님들을 직접 찾아가 쌍용자동차 전단지와 명함을 드렸다. 그래서 나는 한 달에 5대를 파는 영업인이 되었고 한 달에 10대를 출고하기도 했다. 양산 신도시 부동산 붐이 일었을 때 상가 분양 일을 했다. 사무실 경리였지만 나는 단 한 번도 경리라고 생각하며 일한 적이 없다. 아침 8시부터 밤 11시 반까지 양산 이마트 문을 닫기 전에 사무실 문을 닫지 않았다. 딸을 사무실에 두고 나는 기업체 사장님께 전단지를 돌리고 DM 메일도 전했다. 양산 이마트를 갔다가 지나가는 고객을 단 한 사람이라도 놓치지 않기 위해 이마트가 문을 닫을 때까지 단 한 번도 문을 닫지 않았다. 옆 청림상가 분양하시는 분들에게 본의 아니게 피해를 주었다. 옆 상가를 분양하던 직원이 원망하는 투로 말했다. "왜 문수빈씨는 퇴근을 안 해요?" 그렇게 독하게 일해 1층을 통으로 하루에 20억이 넘는 계약을 하기도 했다. 건설회사 회장님께서 수고했다고 봉투에 150만 원을 넣어주셨다. 은혜에 감사드린다.

그 뒤 어느 정도 상가 분양이 끝나갈 때 부산 덕천동 뉴코아를 분양했다. 3년 동안 아침 8시부터 밤 11시 반까지 퇴근하지 않았다. 아파트 분양하는 곳이라면 창원, 김해, 부산 해운대 어디든지 찾아가 줄을 서 있는 고객들에게 전단지와 명함을 드렸다. '하늘은 스스로 돕는 자를 돕는다'고 했다. 부산 해운대 오피스텔 분양하는 곳에 새벽 6시에 그곳에 가서 줄을 서 있는 고객들에게 내 명함과 전단지를 드려 하늘이 도와 C부사장님과 B사모님을 만나 뉴코아 20억 커피숍을 계약하여 분양수수료로 5천만 원을 받았다. 그때 나는 핸드폰 요금을 내지 못해 핸드폰이 끊어져 딸의 핸드폰을 빌려 쓰고 있었다. 그때 5천만 원을 받아 어느 정도 빚을 갚고 오랫동안 쓴 장롱을 버리고 새로 샀다. 그리고 상가 분양 전문가가 되고 싶어 부산 동의대 부동산 최고 과정 6개월 과정을 단 하루도 빠지지 않고 이수했고, 한국경제신문 주최 디벨로퍼 자격증을 취득하기 위해 주말에 양산에서 부산, 부산에서 KTX를 타고 서울로 가서 한국경제신문

건물에서 수업을 받아 자격증을 취득했다.

부자를 만나기 위해서는 골프를 배워야 한다는 생각으로 1년 동안 단 하루도 빠지지 않고 365일 상가 분양 업무를 마치고 밤 10시까지 골프 연습을 했다. 그 연습한 노력을 가지고 골프장에 이력서를 들고 찾아가 일하고 싶다고 말하면서 과장님 면접을 보았다. 과장님은 43세라는 나이를 단 한 번도 뽑은 적이 없다고 하셨다. 하지만 그 옆에 단 한마디도 하지 않고 앉아 계시던 S마스터님이 나를 일하게 해주신 것이나 다름이 없다. S마스터님이 아니라고 하셨다면 나는 컨트리 캐디가 될 수 없었을 것이다. 2개월의 교육을 마치고 나는 43세에 캐디가 되어 열심히 일했고 내 나이 55세가 될 때까지 12년 동안 5억을 벌어 딸을 대학 공부시키고 미국 유학을 보낼 수 있었다.

네이버 카페 '문수빈행복연구소'를 오픈해 나는 1인 창업가가 되었다. 10년 후 100억 재벌이 되어 그동안 신세를 진 분들에게 은혜를 갚고 싶다. 딸과 함께 빛나는 미래를 펼쳐가고 있다. H차장님, S마스터님께도 은혜를 갚고 싶다.

오후에 폭우가 쏟아졌다. 다음 주에 비가 일주일 내내 잡혀 있다. 어제 비를 맞고 일을 해서 혹시나 하는 마음에 비옷과 수건을 많이 준비했다.

금은보화 금고 열쇠

나인을 돌고 3홀이 지나자 폭우가 쏟아져 취소되어 돌아가는 길이었다. 그런데 상대방 팀 역시 취소로 들어가는 길이었다. 상대방은 내리막길로 나는 오르막을 올라가고 있었다. 앞은 불빛 때문에 아무것도 보이지 않았다. 그런데 나는 브레이크를 살짝 밟았다. 그리고 상대방도 브레이크를 그 순간에 밟았다. 1초의 찰나 그 순간에 힘을 주었다면 우리는 충돌로 엄청난 피를 흘렸을 것이다. 하늘이 도와 종이 한 장의 거리를 두고 우리는 멈춰 섰다. 그리고 숨이 막히는 순간을 마음을 가다듬으며 엇갈려 지나갔다. 이 순간이 지나가서 너무 감사할 따름이다. 발이 패이고 피가 철철 난 꿈이 이런 일이 일어날 것이라는 것을 알려준 것이다. 아무도 다치지 않고 무사히 지나가서 다행이다. 카트가 충돌했다면 나에게 돌아올 결과는 뻔한 일이었다. 숨죽이며 살아가고 있는 나의 현실이 아찔하게 느껴졌다. 나의 경제적 상황을 생각할 때 아무 일도 없이 무사히 올해를 보내야 한다. 더 이상의 출혈은 감당할 수도 없다.

어려움은 여전히 있다. 하나님은 왜 나에게 시련을 계속 주시는 걸까? 아직도 내게 테스트할 일이 남아 있는 걸까? 아직도 넘어야 할 장애물이 남아 있는 걸까? 하지만 알바트로스를 한 고객님에게 10만 원을 받은 날도 있다. 홀인원보다 더 어려운 파5홀에서 230M 거리를 3번 우드로 친 볼이 홀컵에 들어간 것이다. 기적에 가깝다고 할 정도의 일이었다. 고객님이 보험까지 가입을 하셔서 300만 원의 상금을 받게 되었다. 올해 12

년의 컨트리 캐디 생활을 마감하면서 2020년 6월 홀인원도 보고 홀인원보다 더 하기 어려운 알바트로스도 봤다. 마지막 직장 생활에서 책을 출판하여 작가가 되고, 1인 창업도 하고 기억에 남는 행운을 남기고 마감하게 되어 행복하다. 또 불행이 나를 비껴가서 너무 감사하다. 작은 불행은 더 큰 불행을 예고한다. 6개월 동안 조심하며 살아가야겠다.

나는 교통사고로 인해 차를 폐차하고 1년 동안 후유증을 치료하고 있다. 목통증이 심해 침과 부황으로 통증을 치료하고 있다. 몸을 치료하던 중 유튜브에서 구세주 김도사님을 만나 1일 책 쓰기 특강을 듣고 6주 책쓰기 과정을 신청하여 무사히 수업을 마치고 한 달이 조금 지나 책을 써서 미다스북스와 계약을 해서 2020년 8월 책이 출판되었고, 또 두 번째 책 계약을 했다. 3권, 4권, 5권, 6권 계속 내 인생이 끝날 때까지 책 쓰기는 계속될 것이다. 그리고 네이버카페 '문수빈행복연구소' 1인 창업가가 되어 인생 2막을 열었다. 54년의 살아온 인생의 경험, 원리와 비법으로 수입의 파이프라인을 만들었다.

〈한책협〉 김도사님이 24년 동안 250권의 책을 쓰시고 1,000명의 작가를 배출하셨듯이 나 역시 10년 동안 믿음과 확신을 가지고 끝에서 시작할 것이다. 나는 100억 재벌이 되었고 성공한 삶을 살게 될 것이다. 나는 조금씩 더 나아지고 있다. 나는 작가가 되었고, 강연가, 메신저, 1인 창업

금은보화 금고 열쇠

가가 되어 부의 추월차선에 올라탔다. 나는 세상의 기적이 되었다. 나는 단 한 사람의 은인으로 인해 지금까지 54년을 버리고 작가, 1인 창업가로 살아가고 있다. 나는 금은보화 금고 황금열쇠를 찾았다.

나는 아직 도전하고 있다!
단 한 번뿐인 나의 인생은 이제 다시 시작이다!

배움이 내일의 나를 움직이게 한다

50mm가 넘는 폭우가 내렸다. 월요일, 화요일 비가 온다는 소식에 돈을 벌어야겠다고 욕심을 냈다. 10개가 넘는 알람을 새벽 4시, 4시 5분, 4시 10분… 계속 맞춰 놓았다. 하지만 나의 귀엔 알람이 들리지 않았다. 전날 새벽 2시에 일을 마치고 '2시간 자고 일어나야지.'라고 생각한 내가 잘못이었다. 연달아 일어난 교통사고 휴유증을 나는 이기지 못했다. 번호를 넘겨 5일 청소를 해야 한다. 하루 종일 비를 맞으며 일을 하면서 내가 생각한 것은 '떠나야 할 때를 아는 사람은 아름답다.'는 것이었다. 이제는 캐디로 일을 해서 돈을 버는 것은 버거운 일이다. 36년의 직장 생활의 종지부를 찍고 나는 오늘 2020년 7월 13일 '문수빈행복연구소' 1인 창업가로 사업자 등록증을 냈다. 55년의 나를 버리고 55세에 새로운 인생 2막을 열었다.

〈한책협〉 김도사님의 제자로 1인 창업가로 부의 추월차선으로 갈아탔다. 금은보화 금고 황금열쇠를 찾았다. 나는 10년 동안 나 자신과 싸울 것이다. 나는 과거의 나 자신을 모두 버렸다. 폭우 속에 나의 과거를 훌훌 다 털어버렸다.

55년을 살면서 경남은행 비서실에서 4년 동안 모셨던 송국헌 감사님 말고는 나에게 칭찬을 한 사람은 없었다. 그런데 〈한책협〉 김도사님께서 '문수빈 작가님! 당신이 기적입니다.'라고 용기를 주셨고, 첫 번째 책이 나온 미다스북스의 명상완 실장님은 '찬란한 작가님'이라고 불러주셨다. 중년의 나에게 용기를 주는 분들을 만나 새로운 세상에 하루하루 도전하는 인생을 살게 되었다. 내가 살아온 인생, 실패한 경험, 성공했던 경험들을 젊은이들에게 들려주어 도전하는 정신을 심어주는 것이 나의 천직이요 사명이다.

하루 종일 비를 맞고 일했다. 사모님과 라운딩을 나갔다. 2년 전에 나와 라운딩을 나가고 오랜만에 찾아오셨다고 했다. 나를 보시고 "항상 밝

고 친절하게 일해서 기억에 남아요."라고 하셨다. 교양 있고 자기관리 잘

하는 사모님들이 부러웠다. 그분들은 자신이 얼마나 멋진 사람인지 잘

알지 못한다. 라운딩을 마칠 때 즈음 사모님께 말씀드렸다. "사모님! 사

모님이 얼마나 멋진 분이신지 모르시죠? 정말 멋지십니다!"라고 알려드

렸다. 하지만 사모님은 자신을 잘 모르고 계시는 듯했다. 멋진 인생을 사

시는 사모님들이 많이 부러웠다.

  오른쪽 다리 뒤꿈치에 염증이 생겨 일요일이라 응급실에 주사를 맞으

러 갔다. 출판사에서 양산 집에 보낸 계약서를 다시 보내야 해서 양산 집

으로 갔다. 나의 인생을 바꿔주신 첫 번째 은인은 경남은행 15년을 근무

하면서 4년 동안 모셨던 송국헌 감사님이고, 두 번째 은인은 분당 〈한책

협〉 김도사님과 〈권마담TV〉 권마담 대표님이다. 세 번째 은인은 출판사

이다. 부족하고 책이라고 할 수 없는 나의 초고를 세상에 나오게 해준 출

판사이다. 새벽 2시에 일을 마치고 새벽 4시까지 눈을 비비며 적은 글인

데 제대로 썼을 리가 만무하다. 그런 부족한 글을 55년 열심히 살아낸 인

생, 그것 하나만 보고 나에게 책을 선물해주신 것이다. 나를 세상에 드러

금은보화 금고 열쇠

나게 해줬고, 젊은이들에게 도전하는 정신을 일깨워줄 수 있는 사람이 되게 해주었다. 네이버 카페 '문수빈행복연구소'로 세상의 젊은이들과 소통하며 그들의 도전하는 인생을 응원하고 싶다. 우리 인생의 주사위는 던져졌다. 단 한 번뿐인 인생, 멋지게 살다가 가고 싶지 않은가? 최선을 다해 꿈에 도전하면 못할 것이 없다.

양산에 있는 스타벅스에 들렀다. 스타벅스 안에 사장님의 취향으로 옷과 가방, 구두, 스카프가 예쁘게 진열되어 있다. 나는 마산 지하상가에 내 취향과 딱 맞는 가게가 있어 그곳에 가서 옷을 산다. 서울에서 물건을 해오기 때문에 가격은 좀 비싸지만 해마다 입어도 유행을 타지 않고 세련된 디자인과 색상이 마음에 든다. 거리가 멀어서 몇 년째 가지 못하고 있다. 그래서 이곳 스타벅스 매장에 있는 옷과 구두를 샀다.

이후 〈한책협〉에 1일 특강이 있어 옷 2벌을 샀다. 그냥 무난하게 산 것 같다. 나는 공주병 스타일의 레이스를 좋아한다. 하지만 이제는 작가인 만큼 화려한 옷은 제쳐두고 점잖은 옷을 샀다. 내 인생이 이제 다시 시작이니 새 옷, 새 구두로 시작하고 싶다.

〈한책협〉 김도사님과 권마담 대표님을 만나 인생을 바꾼 만큼 22년 만에 다시 내게 돌아온 자존감, 자신감을 가슴에 안고 8개월 만에 완전히 다른 인생으로 〈한책협〉 1일 특강에 참석하는 것이다. 나는 인생의 은인 〈한책협〉 김도사님과 〈권마담TV〉 권마담 대표님을 만나 완전히 다른 인생을 살아가고 있다.

2020년 11월 잠 못 이루는 밤에
작가 문수빈 올림

금은보화 금고 열쇠